우리는 하나!
세계로! 미래로!
통일 한국

우리는 하나! 세계로! 미래로!
통일 한국

1판 2쇄 발행 2023년 7월 10일

글쓴이	박종은
그린이	윤길준
편집	이용혁 박재언 이순아
디자인	문지현 오나경
펴낸이	이경민
펴낸곳	㈜동아엠앤비
출판등록	2014년 3월 28일(제25100-2014-000025호)
주소	(03972) 서울특별시 마포구 월드컵북로22길 21 2층
홈페이지	www.moongchibooks.com
전화	(편집) 02-392-6901 (마케팅) 02-392-6900
팩스	02-392-6902
전자우편	damnb0401@naver.com
SNS	

ISBN 979-11-6363-339-6 (74400)

※ 책 가격은 뒤표지에 있습니다.
※ 잘못된 책은 구입한 곳에서 바꿔 드립니다.
※ 이 책에 실린 사진은 위키피디아, 셔터스톡에서 제공받았습니다.

도서출판 뭉치는 ㈜동아엠앤비의 어린이 출판 브랜드로, 아이들의 지식을 단단하게 만들어 주고, 아이들의 창의력과 사고력을 키워 주어 우리 자녀들이 융합형 창의 사고뭉치로 성장할 수 있도록 좋은 책을 만들겠습니다.

초등융합
사회과학
토론왕
69

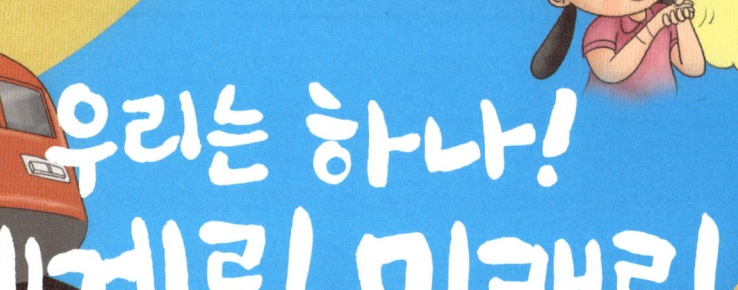

우리는 하나!
세계로! 미래로!

글쓴이 **박종은** 그린이 **윤길준**

통일 한국

다른 나라는
우리나라의
통일을 어떻게
바라볼까?

펴내는 글

북한은 왜 핵무기를 포기하지 않을까?
우리나라의 통일이 세계화와 어떤 관련이 있을까?

　선생님의 질문에 교실은 한순간 조용해집니다. 인내심이 한계에 다다른 선생님께서 콕 집어 누군가의 이름을 부르는 순간 나는 걸리지 않았다는 안도감에 금세 평온을 되찾지요. 많은 사람 앞에서 어떻게 말을 해야 하나 고민해 보지 않은 사람은 없을 겁니다. 사람들 앞에서 자신의 생각을 조리 있게 전달하는 기술은 국어 수업 시간에만 필요한 것이 아닙니다. 학교 교실뿐만 아니라 상급 학교 면접 자리 또는 성인이 된 후 회의에서도 자신의 의견을 분명히 표현할 수 있어야 합니다. 하지만 어디서부터 시작해야 할지 몰라 입을 떼는 일이 쉽지 않습니다. 혀끝에서 맴돌다 삼켜 버리는 일도 종종 있습니다. 얼떨결에 한마디 말을 하게 되더라도 뭔가 부족한 설명에 왠지 아쉬움이 들 때도 많습니다.

　논리적 사고 과정과 순발력까지 필요로 하는 토론장에서 자신만의 목소리를 내려면 풍부한 배경지식은 기본입니다. 게다가 고학년으로 올라가서 배우는 수업과 진학 시험에서의 논술은 교과서 이상의 것을 요구합니다. 또한 상대의 의견을 받아들이거나 비판하기 위해서는 의견의 타당성을 검토하고 높은 수준의 가치 판단을 해야 하는 경우가 많은데, 자신의 입장을 분명히 하기 위해서는 풍부한 자료와 논거가 필요합니다.

　토론왕 시리즈는 사회에서 일어나는 다양한 사건과 시사 상식 그리고 해마다 반복되는 화젯거리 등을 초등학교 수준에서 학습하고 자신의 말로 표현할 수 있도록 기획되었습니다. 체계적이고 널리 인정받은 여러 콘텐츠를 수집해 정리하였고, 전문 작가들이 학생들의 발달 상황에 맞게 스토리를 구성하였습니다. 개별적으로 만들어진 교과서에서는 접할 수 없는 구성으로 주제와 내용을 엮어 어린이 독자들이 과학적 사고뿐만 아니라 문제 해결력, 창의적 발상을 두루 경험할 수 있도록 하였습니다. 또한 폭넓은 정보를 서로 연결지어 설명함으로써 교과별로 조각나 있는 지식을 엮어 배경지식을 보다 탄탄하게 만들어 줍니다. 이러한 통합 교과형 구성은 국어를 기본으로 과학에서부터 역사, 지리, 사회, 예술에 이르기까지 상식과 사회에 대한 감각을 익히고 세상을 올바르게 바라보는 눈을 갖는 데 큰 도움이 될 것입니다.

『우리는 하나! 세계로! 미래로! 통일 한국』은 어린이들의 입장에서 통일 문제와 진정한 세계화에 대한 이야기를 다루고 있습니다. 동아시아를 중심으로 현재 어떤 분쟁이 있는지, 우리나라의 통일을 가로막는 문제는 무엇인지, 미국와 중국, 일본, 북한 사이에서 우리나라의 외교 입장은 어떠한지를 들여다봅니다. 어린이들한테는 다소 어려울 수 있는 주제이지만, 세계 유일의 분단 국가로서 전쟁 없는 세계화를 위해 어떤 생각을 가져야 하는지 들려주고자 합니다. 우리나라는 꼭 통일을 해야 한다는 막연한 주장이 아니라, 주변 국가의 관계를 고려하여 진정한 평화와 통일은 무엇인지 생각해 보는 시간을 가집니다. 이 책을 통해 어린이들이 세계를 바라보는 더 넓고 깊은 시야를 가질 수 있기를 바랍니다.

편집부

# 차례

펴내는 글 · 4
여기가 어디지? 대한민국? 북한? · 8

1장 내 이름은 리충성 아니, 이대한 · 11

북한에서 온 아이

북한을 떠나오던 날

드디어 도착한 대한민국 땅

토론왕 되기! 탈북민과 잘 어울려 살아가려면?

2장 남북한 정상이 만난 날 터진 폭탄 · 33

판문점에서 만난 두 정상

이대한이 북한에서 왔다고?

토론왕 되기! 평화 통일을 향한 남북 정상 회담

3장 대한이의 복수 · 57

너랑 나는 원수야, 원수!

북한이 궁금한 아이들

누구 힘이 더 셀까?

토론왕 되기! 북한은 핵무기를 포기할 수 있을까?
핵 개발에 있어서 왜 북한만 제재를 가할까?

뭉치 토론 만화
통일, 꼭 해야 할까? · 77

4장 학폭위가 열린 날 · 85

커밍아웃 당했지만 괜찮아

끔찍하지만 행복한 꿈

토론왕 되기! 다른 나라도 우리나라의 통일을 원할까?

5장 텔레비전에 나온 이대한 · 105

서준이의 사과

딱친구 프로그램

토론왕 되기! 통일, 정말 하는 게 좋을까?

어려운 용어를 파헤치자! · 125

통일 한국 관련 사이트 · 126

신나는 토론을 위한 맞춤 가이드 · 127

여기가 어디지?
대한민국? 북한?

북한에서 온 아이

"따라라라 라라라란 딴딴딴."

수업 시작 10분 전을 알리는 준비종이 쳤다. 언제나 그렇듯 대한이는 종소리에 맞춰 아슬아슬하게 교실에 들어섰다. 집에서 학교까지의 거리는 아이들 걸음으로 10분이면 충분했지만 대한이는 일부러 동네를 빙빙 돌아 준비종 소리에 맞춰 도착했다.

대한이가 자리에 막 앉으려는데 선생님이 교탁 앞으로 나오면서 말했다.

"애들아, 선생님은 잠시 과학실에 다녀올 테니까 다들 조용히 책 읽고 있어."

"네!"

그때 민우의 책상 위에 놓인 북한 말 사전이 대한이 눈에 들어왔다.

"야, 너 도넛을 북한 말로 뭐라고 하는지 알아?"

민우가 서준이에게 물었다.

"북한에도 도넛이 있어? 북한 애들은 밥도 못 먹는다는데 도넛을 먹는다고?"

대한이는 '서준이는 왜 말을 저렇게 하지?'라는 생각을 하며 잠깐 노려보았다. 그러고는 속으로 중얼거렸다.

'가락지빵.'

"음, 고리처럼 생겼으니까 고리 빵?"

"땡! 틀렸어."

"그럼 튜브 빵? 아! 수갑처럼 생겼으니까 수갑 빵!"

서준이는 줄줄이 틀린 답을 내놓았다. 정답은 대한이가 맞혔지만 입 안에서만 맴돈 말이니 정답이라고 해도 친구들이 알아줄 리 없었다.

"정답은 가락지빵이야."

민우가 말했다.

"크큭, 완전 재밌네. 또 다른 문제 내 봐."

"좋아. 이건 아무도 못 맞힐걸?"

확신에 찬 민우의 말이 몇몇 아이들의 시선을 끌어모았다.

"북한에서는 인터넷 검색을 뭐라고 하게?"

'망유람!'

이번에도 대한이가 제일 먼저 답을 외쳤다. 물론 고요한 외침이었다.

"에이, 북한에서 인터넷을 한다고? 말도 안 돼."

이번에도 역시 서준이었다.

대한이는 서준이가 북한을 조선 시대, 아니 역사 이전의 미개한 나라

쯤으로 인식하고 있는 편견으로 가득찬 녀석이라고 생각했다.

"컴퓨터 여행?"

서준이 짝 윤지가 말했다.

"아니지. 북한에서는 컴퓨터란 말을 안 쓸걸?"

수아가 말했다.

"컴퓨터란 말을 안 쓰는 게 아니라 컴퓨터가 거의 없지. 있어도 김정은이나 당 간부들처럼 아주 높은 사람들만 쓸 거야."

서준이의 말에 꾹꾹 눌러 왔던 대한이의 고요한 외침이 드디어 소리가 되어 밖으로 튀어나왔다.

"너 가 봤어?"

"뭐라고?"

서준이가 눈을 동그랗게 뜨고 물었다.

"너 가 봤냐고? 너 지금 북한에 갔다 온 거처럼 말하잖아?"

갑자기 교실 안에 모든 눈길이 대한이에게 몰렸다.

"북한에서도 학교에서 컴퓨터 쓰거든. 손 전화로 음식도 주문하고 배달도 시켜 먹는다고. 그리고 인터넷 검색은 여기랑 똑같이 할 수 있고, '망유람'이라고 부른다. 알겠어?"

바로 그때 선생님이 교실로 들어왔다.

"무슨 일이야? 대한이 목소리가 복도 끝까지 다 들리네."

탈북 청소년들은 어떤 어려움을 겪을까?

'먼저 온 미래'라는 말을 들어 본 적 있나요? 대한민국에 온 탈북 학생들을 이르는 말이에요. 2019년 기준으로 현재 국내 탈북 학생 수는 2531명이라고 해요. 이들은 학교에서 일상적인 차별을 받고, 낯선 환경에 적응하느라 심리적으로 어려움을 겪는 일이 많다고 해요. 기초 학력이 우리나라와 많이 다른 탓에 수학과 영어 등의 과목에서 수업을 따라가기 힘든 것도 학교 적응을 가로막는 요소지요. 그러다 보니 친구들한테 자신이 북한에서 왔다는 걸 굳이 알리지 않는 경우도 많다고 해요. 우리나라가 통일되어야 한다고 막연하게 생각하지만, 북한 친구들과 허물없이 지내기에는 사회 문화적 차이로 인해 어려움이 있을 수 있다는 점도 알아야 해요.

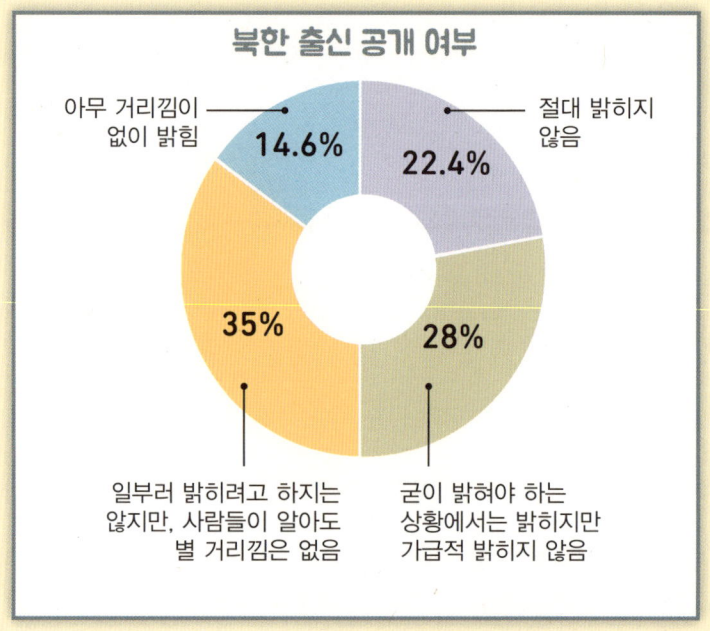

자료: 남북하나재단 '2018년 탈북 청소년 실태 조사'

대한이는 자신이 얼마나 큰 소리로 말했는지 미처 몰랐다. 하지만 수업이 시작된 뒤에도 한동안 심장이 거세게 방망이질하듯 뛰는 것을 느낄 수 있었다. 대한이는 스스로가 무척 흥분한 상태였다는 걸 그제야 알게 되었다.

'휴, 하마터면 북한 말투가 튀어나올 뻔 했지비.'

대한이는 수업 시간 내내 고개를 들지 못한 채 아이들 눈치를 보며 쥐죽은 듯 앉아 있었다.

북한을 떠나오던 날

"충성아, 잘 들으라우."

충성이는 대한이의 북한 이름이었다. 북에서는 리충성으로 불렸다. 이대한이라는 이름은 대한민국에 정착하고 나서 엄마가 바꾸어 준 이름이었다.

"어매랑 충성이는 지금부터 아주 긴 여행을 떠날 기라우."

5년 전 처음으로 북한을 떠나오는 날, 엄마는 이렇게 말했다. 그동안 태어나고 자란 마을을 떠나 본 적이 없었던 충성이는 여행이라는 말이 낯설게만 느껴졌다.

"어데로 가는데요?"

"그건 가 보면 알디."

이렇게 시작된 여행은 최종 목적지인 대한민국에 이르는 데만 6개월이 넘게 걸렸다.

충성이는 북한을 떠나기 전 함경북도 회령시에서 엄마와 둘이 살았다. 아빠는 충성이가 말을 시작할 무렵, 돈을 벌기 위해 러시아로 떠났다. 나중에 알게 된 사실이지만, 아빠가 나무를 자르고 다듬는 일을 해서 보내온 돈이 충성이와 엄마가 북한을 떠나는 데 꼭 필요한 자금이 되었다.

엄마가 말한 여행이 그저 단순한 여행이 아니라는 것을 충성이가 알

아채는 데는 그리 오랜 시간이 걸리지 않았다.

"어머니, 춥습니다. 후우후우."

눈보라가 몰아치는 1월의 캄캄한 밤, 충성이는 두만강을 건너며 꽁꽁 얼어붙은 손에 대고 자꾸만 입김을 불어 댔다. 다른 때 같았으면 다정하게 안아 줬을 엄마는 아무런 말이 없었다. 자꾸만 주위를 살피고 최대한 몸을 낮추고 걸음을 재촉할 뿐이었다.

두만강을 건너 충성이와 엄마가 밟은 곳은 중국 땅 옌지_{중국 지린성 연변 조선족 자치주에 있는 도시. 주민의 절반 이상이 조선족이다.}였다.

"어머니, 이걸 어째 넘어요?"

철책_{쇠로 만든 울타리} 아래 몸을 납작 엎드린 채 충성이가 물었다.

그때였다.

"동무, 여기라우. 날래날래 오시오."

어둠 속에서 들려오는 소리에 충성이는 깜짝 놀랐지만 엄마는 안도의 한숨을 내쉬었다. 옌지에서부터 충성이와 엄마를 안내할 사람은 한 사람이 몸을 최대한 웅크리면 겨우 통과할 만한 공간을 열어 주었다. 무시무시하게 보였던 철책은 마술처럼 열렸다가 닫혔다.

그날 밤, 충성이와 엄마는 옌지의 낯선 집에서 하룻밤을 묵었다. 엄마는 밤새 충성이를 끌어안고 낮은 한숨을 내쉬었다. 그 한숨 소리를 자장가 삼아 충성이는 따뜻한 엄마 품에서 깊은 잠에 빠져들었다.

드디어 도착한 대한민국 땅

다음 날부터 충성이와 엄마의 기나긴 탈북 여정이 본격적으로 시작되었다.

두 사람에게 철책을 열어 준 사람은 베이징까지 기차를 타고 가서 다시 다른 기차로 쿤밍시까지 함께 가게 될 거라고 했다.

북한 땅을 벗어났다고 해서 무사히 북한을 탈출한 것은 절대 아니었다. 언제 어디서든 중국 공안에게 신분이 발각되면 어떤 일이 벌어질지 알 수 없었다. 다시 북한으로 돌아가는 것은 물론 어쩌면 목숨을 잃을지도 모르는 일이었다.

충성이와 엄마는 사람들의 눈에 띄지 않기 위해 주로 늦은 밤에 이동했다. 그리고 쓸데없는 움직임을 줄였다. 엄마는 화장실에 가지 않으려고 물과 음식을 먹는 것을 최대한 자제했다.

옌지에서 베이징까지 가는 기차 안에서 엄마가 충성이에게 말했다.

"충성아, 니 잘 들으라우. 혹시 누가 물으면 이 아저씨가 니 아버지라고 해야 된다. 알간? 안 그러면 공안한테 잡혀서 감옥에 가야 하디."

엄마가 어찌나 단단히 이르는지 충성이는 겁에 질려 연신 고개를 끄덕였다. 다행히 기차표를 검사하는 사람은 자는 척하는 충성이를 깨우지 않았다.

충성이와 엄마에게 철책을 열어 준 남자는 중국 쿤밍시에 도착한 후 그들에게 다른 사람을 소개해 주었다.

충성이와 엄마를 도와주는 이들은 브로커라고 불리는 사람들이었다. 북한을 탈출하는 사람들에게 돈을 받고 약속한 장소까지 길을 안내해 주는 게 그들의 일이었다. 충성이 아빠가 힘들게 일해서 번 돈이 그들의 손으로 들어가는 대신 충성이와 엄마는 북한 땅을 벗어날 수 있었던 것이다.

충성이와 엄마는 중국에서 미얀마로 이어진 국경을 넘은 뒤 작은 불빛에 의존해 험한 산을 올라야 했다.

충성이는 비가 내려 얼음판처럼 미끄러운 진흙 산길에서 몇 번을 굴렀는지 몰랐다. 또 물살이 거센 강을 건너다 중심을 잃고 넘어지는 바람에 강물에 빠져 죽을 뻔했다. 밀림처럼 우거진 산속에서 멧돼지에게 쫓기기도 하고, 산속에서 길을 잃어 하루 종일 같은 길을 돌고 또 돌아야 했다.

"어머니, 발이 아파서 더 이상 못 가겠습니다."

충성이가 맞지 않는 신발 속에서 퉁퉁 불은 발을 내보이며 말했다. 발가락 사이사이 살갗이 다 벗겨져 붉은 피와 노란 진물이 엉겨 붙어 있었다.

"충성아, 날래 업히라. 여기서 시간을 지체하면 강을 건너 줄 배를 놓친다."

엄마가 충성이를 업으며 말했다.

"맞다. 배를 놓치면 강을 헤엄쳐서 건너야 한다. 니 메콩강 악어한테 잡아먹히고 싶니?"

두 번째 브로커가 시계를 보며 말했다.

"악어요?"

충성이 머릿속으로 책에서 본 무시무시한 악어가 떠올랐다.

"그래. 니랑 니 어머니는 메콩강을 건너야 한다. 근데 배를 놓치면 어카 되갔니? 헤엄쳐 가다 악어 배 속으로 유람갈 수도 있단 말이디."

충성이는 그날 밤 산속에 버려진 나무 집에서 자며 메콩강 악어에게 잡아먹히는 꿈을 꿨다.

그렇게 다시 산을 타고 내려와 걷고 또 걸어 충성이와 엄마는 두 사람을 기다리고 있던 쪽배에 오를 수 있었다. 배가 컴컴한 어둠 속에서 물살을 가르는 동안 충성이는 엄마 손을 꼭 잡았다. 그리고 무서움에 눈을 꼭 감았다가 다시 호기심에 한쪽 눈만 살짝 떠 악어를 찾아보았다.

"거의 다 왔소. 여기서 내려서 저 철탑을 향해 걸어가시오. 그다음에 경찰서를 찾아 들어가 망명을 요청하면 되오."

엄마는 브로커의 말을 들으며 한 손으로는 충성이의 손을 꼭 잡고 다른 한 손으로 자꾸만 고이는 눈물을 훔쳐 냈다.

"부디 남조선까지 잘 가시오."

브로커는 이렇게 말하고는 배를 돌려서 어둠 속으로 사라져 버렸다.

"어머니, 무서워요."

충성이와 엄마는 어둠에 묻혀 잘 보이지도 않는 철탑을 향해 걷고 또 걸었다. 브로커가 가르쳐 준 대로 엄마와 충성이가 제일 먼저 찾아간 곳은 태국의 경찰서였다.

"헬프 미. 위 아 프롬 노스 코리아."

충성이는 엄마가 영어로 말하는 것을 처음 들었다.

충성이는 모든 게 낯설었지만 밝은 경찰서 불빛 아래에서 엄마의 얼

북한에서 온 사람들을 뭐라고 부를까?

북한 이탈 주민은 글자 그대로 '북한을 탈출해서 다른 나라에 정착한 사람'이에요. 우리나라에 정착한 북한 이탈 주민의 수는 2020년 5월에 3만 3천 명을 넘었지요. 지금은 북한 이탈 주민, 혹은 줄여서 '탈북민'이라는 공식 명칭으로 부르는데, 이러한 이름은 시대에 따라 여러 가지로 변화되어 왔어요.

휴전선이 생긴 직후에는 '월남민', '귀순자', '귀순 용사'라고 불렀고, 2005년경에는 '새로운 터전에서 삶을 시작한 사람'이란 의미의 '새터민'이라는 이름을 쓰기도 했지요. 북한에서 대한민국으로 직접, 혹은 중국이나 태국과 같은 제3국을 통해 우리나라로 들어온 북한 이탈 주민은 통일부 소속의 기관인 '하나원'에서 일정 기간 사회 적응 교육을 받아야 해요. 이제 우리 주위에서 어렵지 않게 만날 수 있는 북한 이탈 주민! 사실 그들을 어떻게 부르냐보다 그들을 어떤 생각과 마음가짐으로 대하고 서로 어울려 잘 살아가느냐가 더 중요한 문제랍니다.

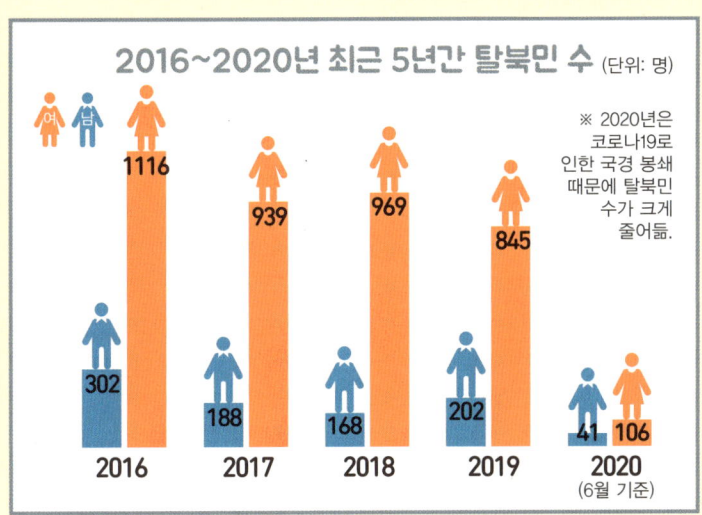

굴이 점점 밝아지고 있다는 것을 알 수 있었다. 한결 마음이 놓였다. 태국 경찰들이 준 달콤한 주스와 과자를 먹을 땐 깜짝 놀랐다. 세상에 그렇게 맛있는 게 있다는 건 상상도 해 보지 못했다.

태국 경찰들이 어디론가 전화를 하자, 얼마 뒤 태국에 사는 한국 사람이 통역을 위해 경찰서로 왔다.

"처음 뵙겠습니다. 저는 한현수라고 합니다. 먼저 무사히 오신 걸 환영합니다. 이제 어떻게 여기까지 오시게 되었는지 우리말로 편하게 말씀해 주시면 됩니다."

자신을 대한민국 사람이라고 소개한 남자가 충성이의 머리를 쓰다듬으며 엄마에게 말했다.

"고맙습니다. 먼저 제 이름은 양은심이고 이 아이는 리충성이야요."

엄마는 메콩강 너머에서 해가 떠오를 때까지 북한을 탈출한 이야기를 들려주었다. 그리고 한 선생님은 엄마의 말을 그대로 받아 태국어로 태국 경찰에게 전했다. 충성이는 엄마의 다리를 베고 경찰서 소파에 누워 단잠에 빠져들었다.

우리나라 분단 과정

원래 하나였던 남과 북이 두 나라로 갈라지게 되기까지 한반도 안에서는 무슨 일이 일어났던 걸까요?

1945

우리나라 광복

8월 15일 일본이 연합군과의 전쟁에 지고 무조건 항복하면서 제2차 세계 대전이 끝나고 우리 민족이 광복을 맞이하게 되었어요.

1945

미국과 소련의 한반도 주둔

미국과 소련이 북위 38도 선을 경계로 하여 각각 한반도의 남과 북에 군대를 주둔시키고 군정 통치를 하게 되었어요.

자료: 한국 민족 문학 대백과사전, 대한민국 정책 브리핑

1948

단독 정부 수립

대한민국에는 자유주의 정권인 '대한민국'이 북한에는 사회주의 정권인 '조선 민주주의 인민 공화국'이 수립되면서 서로 다른 두 체제의 국가가 들어서게 되었어요.

1950

6·25 전쟁 발발

북한이 대한민국을 침략하면서 6·25 전쟁이 시작되었어요.

1953

휴전 협정 및 남북 분단 고착화

3년 동안 치러진 6·25 전쟁 끝에 북한과 미국 사이에 휴전 협정이 체결되었어요. 이후 휴전선을 경계로 대한민국과 북한의 분단이 고착화되었지요.

탈북민과 잘 어울려 살아가려면?

우리나라에 살고 있는 탈북민은 2020년 5월 기준으로 약 3만 3천 명, 그중 청소년의 수는 2531명이에요.

탈북 청소년들에게 물어보았더니, 대한민국 생활에 잘 적응하기 위해 아무리 노력해도 어딘가 늘 허전함을 느낀다고 해요. 또 어디에 가나 자신이 이방인처럼 느껴지고 자신에게 '탈북 청소년'이라는 꼬리표가 붙어 있다는 생각을 떨쳐 낼 수 없다고 해요.

대한민국으로 넘어와 정착한 탈북 청소년 가운데 반 정도는 혼자 살거나 한 부모와 살고 있어요. 그러니 늘 북에 두고 온 다른 가족들을 그리워하는 마음과 죄책감을 갖고 살아가지요.

또 탈북 청소년들은 대한민국 친구들에게 자신이 북한에서 온 걸 말하면 어떻게 생각할까 고민해요. 실제로 그런 사실을 이야기했다가 그 이후로 자신을 무시하거나 좋지 않은 시선으로 대하는 친구들도 많았다고 해요. 물론 모두가 다 그런 것은 아니겠지만 불안한 마음이 드는 건 당연해요.

우리는 쉽게 '우리의 소원은 통일'을 노래하고, 탈북민들을 '먼저 온 통일'이라고 이야기해요. 그렇다면 한번 생각해 볼까요?

탈북민을 미래 통일된 나라를 대비해 '먼저 온 통일'로, 서로 어울려 잘 살아가야 할 동포로 보는 시각에 대해 어떻게 생각하나요?

탈북 청소년들의 어려움은 여기서 그치지 않아요. 목숨을 걸고 북한을 탈출했는데 막상 대한민국에서 평범하게 공부하는 게 쉽지 않은 거예요. 탈북하는 데 긴 시간이 걸려 학업에 뒤처질 수밖에 없는 데다가, 남북 교육 제도도 완전히 달라서 학업 격차가 생기지요. 문화적 차이에 따른 적응 문제도 어려움 중 하나고요. 남북하나재단(북한 이탈 주민 지원 재단)의 '2016 탈북 청소년 실태 조사'에 참가한 탈북 청소년 857명 중 학교생활에서 겪는 어려움으로 '학교 수업 따라가기'를 호소한 청소년은 전체의 48.5%인 415명에 달했어요. 탈북 청소년 중 상당수가 1990년대부터 지속된 경제난 때문에 북한에서 학교를 제대로 다니지 못했다고 해요. 학원 등 사교육을 통해 진도를 따라가려고 해도 경제적인 문제 등으로 쉽지 않은 상황이고요.

탈북민에 대해 가지고 있는 선입견이나 편견에는 어떤 것들이 있을까요? 그러한 선입견과 편견을 없애려면 어떻게 하는 게 좋을까요?

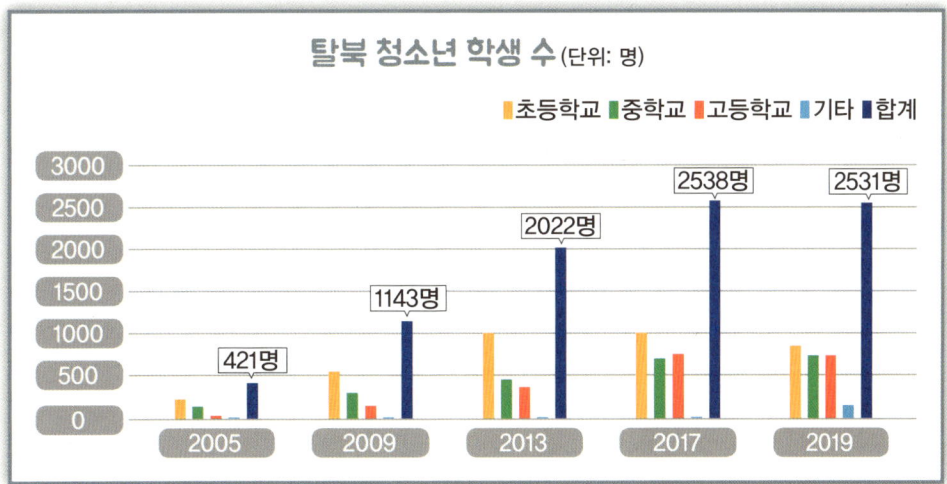

자료: 탈북 청소년 교육 지원 센터

선 긋기 퀴즈

우리나라가 분단이 된 과정을 바르게 이어 보고 순서대로 나열하세요.

일본에 나라를 빼앗겼지만 이때는 한 나라였어. ①		㉮ 8·15 광복
일본이 연합군에 지면서 우리가 그토록 바라던 해방이 찾아왔어. ②		㉯ 6·25 전쟁
일제에서 해방된 후 두 강대국이 우리나라를 절반으로 나누어 통치했어. ③		㉰ 조선 말 일제 강점기
남과 북에 서로 다른 체제의 국가가 들어섰어. ④		㉱ 미국과 소련의 한반도 주둔
북한군의 남침으로 전쟁이 발발했지. ⑤		㉲ 휴전 협정과 분단 고착화
전쟁을 멈추고 휴전선을 경계로 남과 북 두 나라로 나뉘었어. ⑥		㉳ 남과 북에 단독 정부 수립

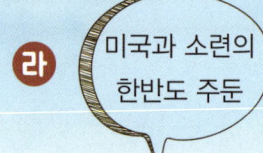

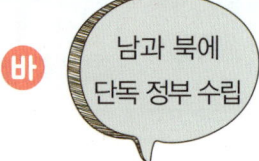

①-㉰, ②-㉮, ③-㉱, ④-㉳, ⑤-㉯, ⑥-㉲

정답

 판문점에서 만난 두 정상

"대한아, 날래 일어나라!"

"엄마, 저는 오늘 아파서 학교 못 간다고 했잖아요."

대한이가 이불을 머리끝까지 끌어당기며 말했다.

"알았다. 선생님한테는 그렇게 말씀 드렸고 철우 삼촌이랑 이모들이 곧 온다 하는데, 니가 내내 자고 있을 수는 없잖니?"

"철우 삼촌이 아침부터 왜 오는데요?"

대한이가 벌떡 일어나 앉으며 물었다.

철우 삼촌과 이모들은 엄마가 북한 이탈 주민 모임에서 만나 한 가족처럼 지내게 된 사람들이었다. 그동안 엄마랑 대화가 되지 않아 답답해

할 때마다 철우 삼촌은 늘 대한이 말을 들어 주고 편이 되어 주었다. 친구들과 잘 어울리지 못해 학교에 가고 싶지 않을 때면 철우 삼촌이 따로 시간을 내서 영화도 보여 주고 맛있는 것도 사 주곤 했었다.

"야, 엄마가 몇 번을 말했니? 오늘 판문점에서 남북한 정상이 만난다고 삼촌이랑 이모들이 집에 와서 같이 방송 보기로 했다고 했지?"

"아! 그게 오늘이에요?"

대한이가 머리를 긁적이며 욕실로 들어갔다.

대한이네 엄마가 그렇게 기다리던 날, 남북 정상이 판문점에서 만나 회담을 하기로 약속한 날이 2018년 4월 27일이었다.

엄마는 누구보다 대한이의 꾀병을 잘 알고 있었다.

어린 대한이를 데리고 처음 대한민국 땅을 밟았을 때, 엄마는 대한이를 누구보다 당당하게, 대한민국의 남아로 키우고 싶었다. 그래서 이름도 이대한으로 고쳐 짓고 북한을 이탈한 아이들이 가는 대안 학교가 아닌 일반 학교에 보냈다. 하지만 대한이는 대한민국 아이들 틈에서 좀처럼 적응을 하지 못했다.

"벌써 시작했지요?"

현관문이 열리자 철우 삼촌이 이모들과 우르르 몰려 바삐 들어오며 물었다.

"오! 우리 자랑스러운 대한이, 집에 있었구나. 그럼 그렇지. 이렇게 역사적인 순간은 생방송으로 직접 확인해야 하는 거야."

철우 삼촌이 대한이 어깨를 토닥이며 말했다. 철우 삼촌은 늘 대한이를 자랑스러운 대한이라고 불렀다.

좁은 거실이 금세 사람들로 가득 차자 리모컨을 든 누군가가 텔레비전의 음성을 크게 키웠다.

"저기 우리나라 대통령이네. 먼저 와서 기다리나 보다."

엄마가 과일 접시를 들고 오며 말했다. 대한이는 철우 삼촌 옆에 붙어 앉으며 삼촌이 사 온 빵을 집어 들었다.

"삼촌, 저기가 판문각이에요?"

"맞아. 북측 건물이 판문각이고 남쪽에 저 하얀색 건물이 자유의 집이지."

화면 속에는 온통 검은 양복을 차려 입은 사람들로 가득했다. 수많은 취재원들과 경호원들이 바쁘게 오가는 게 보였다.

얼마 뒤 대통령이 여러 장관들, 수행 비서들과 함께 자유의 집에서 나와 어디론가 걸어가는 게 보였다.

"삼촌, 사람들이 지금 어디로 가는 거예요?"

"아마 김정은 국무 위원장을 맞으러 가는 걸 거다. 그동안 남북 정상 회담은 늘 평양에서 열렸거든. 오늘 처음으로 남쪽 평화의 집에서 열리는 거잖니? 그러니 북에서 온 손님을 맞이하러 마중 나가는 거겠지."

그때 엄마와 이모들이 동시에 박수를 치며 텔레비전 가까이로 몸을 기울였다.

"야! 저기 좀 봐라. 저기 김정은 위원장이 아니니?"

"맞아요. 맞아."

"이게 꿈은 아니갔디?"

북한에 가족들을 두고 혼자 왔다는 설매 이모가 콧물을 훌쩍이며 말했다.

2장 남북한 정상이 만난 날 터진 폭탄

대한이네 거실은 금세 북한 말들로 와글와글 채워졌다. 대한민국에서 적응하느라 북한 말투를 숨기려 노력했던 삼촌과 이모들에게서 거리낌 없이 북한 말이 튀어나왔다. 마치 대한이가 화가 날 때 자기도 모르게 북한 말이 튀어나오는 것처럼 말이다.

"내래 이런 날이 올 줄은 꿈에도 몰랐디."

화면 속에 나타난 김정은 국무 위원장은 북한에서 봤던 것과 별반 다르지 않았다. 하지만 북을 떠나온 어른들과 대한이의 눈에 비친 김정은 국무 위원장은 어쩐지 다른 사람처럼 보였다.

"이야! 우리가 지금 김정은 위원장을 눈앞에서 생방송으로 보고 있는 게 맞니?"

엄마가 말했다.

"엄마, 그게 무슨 말이에요?"

"북한에서는 김정은 위원장이 나오는 방송을 늘 녹화해서 내보내거든. 김 위원장의 위치가 노출되면 위험하기 때문에 그러는 거디. 아마 북한 지도자가 전 세계에 생방송으로 나가는 건 이번이 처음일 거디."

군사 분계선 앞에서 만난 한민족 두 나라의 정상들은 반갑게 악수를 하며 인사를 나눴다.

"삼촌, 그럼 이제 통일이 되는 거예요?"

"통일?"

2018 남북 정상 회담

2018년 4월 27일 판문점 평화의 집에서 문재인 대통령과 김정은 국무 위원장 간의 남북 정상 회담이 열렸어요.

2007년에 있었던 남북 정상 회담 이후 11년 만에 이루어진 것이에요. 이전까지 남북 정상 회담은 모두 북측의 평양에서 열렸다면 2018 남북 정상 회담은 평화의 집에서 열렸다는 데에 의의가 있어요. 북한의 최고 지도자가 분단 이후로 대한민국 땅을 처음 밟은 것이지요.

이날 오전 9시 30분쯤 군사 분계선을 사이에 두고 처음 만난 두 정상은 오전 회담을 마치고 오후에는 한국 전쟁 정전 협정이 체결된 해인 1953년생 소나무를 함께 심었어요. 이후 배석자(웃어른 혹은 상급자를 따라 어떤 자리에 함께 참석한 사람) 없이 산책과 단독 회담을 하고 다시 오후 회담을 마친 뒤, '한반도 평화와 번영, 통일을 위한 판문점 선언'을 발표했답니다.

자료: 통일부

"두 나라가 화해했으니까 통일이 되는 거 아니에요?"

"하하하, 통일이 어디 쉽간?"

대한이의 질문에 답을 한 건 설매 이모였다. 조금 전까지 눈물을 훌쩍이던 설매 이모가 이번에는 큰 소리로 웃으며 말했다.

대한이는 어른들이 잘 이해가 되지 않았다. 싸우다가 화해를 했으면 이제부터 잘 지내면 되는 거 아닌가? 통일이 되면 북에서 놀던 친구들도 다시 만나고 진짜 삼촌이랑 이모들도 만날 수 있을 텐데…….

"이야! 멋지다!"

두 정상이 전통 의장대의 호위를 받으며 함께 이동할 때 철우 삼촌은 자리에서 벌떡 일어나 환호했다. 그런 삼촌의 모습을 보니 대한이는 덩달아 신났다. 그날 남북 정상 회담은 여러 가지 다양한 행사로 진행되며 저녁 늦게까지 이어졌다.

이대한이 북한에서 왔다고?

대한이도 예상하지 못했던 사건이 터진 건 남북 정상 회담이 끝나고 학교에 간 날이었다. 점심시간이 끝날 때까지는 여느 때와 다름없는 지루하고 따분한 학교였다. 대한이는 남은 2교시가 얼른 끝나기만을 기다렸다. 그러다 5교시 창의적 체험 활동 시간을 알리는 종이 울리자 대한이의 눈이 번쩍 떠지는 일이 벌어졌다.

대한이가 하품을 하며 고개를 들었는데 칠판에 깜짝 놀랄 만한 글씨가 적혀 있었다.

'남북 정상 회담 퀴즈'

"얘들아, 오늘 창의적 체험 활동 시간에는 조금 특별한 수업을 해 보자. 퀴즈 형식으로 말이야."

퀴즈라는 말 때문인지 아이들이 여기저기서 웅성거렸다.

"선생님, 일등하면 선물을 주나요?"

"선물? 당연히 있지요."

"야호!"

대한이는 친구들과는 조금 다른 기분이 들었다. 갑자기 손에 땀이 나고 가슴이 두근거리기 시작했다.

"먼저 못 본 친구들을 위해서 지난 금요일에 있었던 남북 정상 회담에 대한 영상물을 한번 같이 봅시다."

선생님의 말이 끝나자 모니터에는 남북 정상이 서로를 향해 다가오는 모습이 나타났다. 이미 한번 본 광경이었지만 그때 눈물을 흘리던 이모와 삼촌의 모습이 떠올라 대한이는 가슴이 뭉클해졌다.

"애들아, 너희들은 지금 대한민국 역사의 중요한 한순간을 살아가고 있단다. 너희들이 어른이 되고 어쩌면 할아버지 할머니가 됐을 때에는 남과 북은 통일이 되어 한 나라가 되어 있을지도 모르지."

대한이는 그동안 선생님의 말이 이렇게 귓속에 쏙쏙 들어와 박힌 적이 없었다.

"통일된 나라에서 살아가기 위해서는 지금의 어른들이, 또 앞으로 너희들이 어른이 되어서 할 일이 정말 많을 거야. 지난 금요일에 있었던 남북 정상 회담도 아주 중요한 사건으로 기록될 거고. 똑똑히 잘 기억해야 나중에 너희가 너희 아이들에게 가르쳐 줄 수 있겠지? 그러기 위

해서 우리 지금부터 퀴즈를 풀면서 공부해 보자."

"네!"

대답을 하는 대한이 목소리에는 그 어느 때보다 힘이 들어가 있었다.

"자, 첫 번째 문제부터 볼까?"

선생님이 띄운 모니터 화면 속에는 평화의 집과 함께 대한이가 풀기에는 너무 시시한 문제가 적혀 있었다.

제일 먼저 손을 든 것은 서준이었다.

"판문점이요."

"틀렸어요. 판문점은 저 건물을 포함한 공동 경비 구역을 통틀어 이르는 말이야."

두 번째로 손을 든 이수는 자신이 없는 듯 조금 뜸을 들이며 말했다.

"음, 조금 헷갈리는데, 자유의 집 아닌가요?"

"아쉽지만 틀렸어요."

그때 대한이가 손을 들었다.

"저 건물은 남측에 있는 평화의 집이에요."

"정답! 대한이가 맞혔네."

이어지는 퀴즈들도 대한이에게는 아주 쉬웠다. 대한이는 남북 관계에 대해 아이들이 너무 모르는 것에 적잖이 놀랐다. 반대로 퀴즈에 대한 정답을 속속 맞히는 대한이를 보고 아이들은 무척이나 놀라워했다.

"네 번째 문제, 남북의 두 정상이 기념으로 심은 소나무는 몇 년생일까? 그리고 특별히 그 해의 나무를 선택한 이유는 무엇인지 이야기해 볼 사람?"

"1950년이요. 그해에 6·25전쟁이 일어났으니까요."

"틀렸어요."

"2000년? 새로운 마음으로 통일을 맞이하자는 의미 아닐까요?"

수아가 그럴싸한 이야기를 했지만 정답은 아니었다.

"틀렸어요."

2장 남북한 정상이 만난 날 터진 폭탄

대한이는 답을 알고 있었다. 삼촌이 텔레비전을 보며 그 의미에 대해 똑똑히 이야기해 준 것이 머릿속에 또렷하게 남아 있었기 때문이다.

대한이는 다른 친구들이 틀리는 것을 들으며 자신이 답을 이야기할 순간을 기다리고 있었다.

그때 서준이가 손을 들었다.

"1918년이요."

"왜 그렇게 생각했는지 의견도 말해 줄래?"

선생님이 물었다.

"음, 딱 100년 전 소나무를 심으면 의미가 있고, 1918년에 3·1 운동이 일어났나? 아마 그럴걸요?"

"푸하하하!"

서준이의 대답에 대한이가 참지 못하고 웃음을 터뜨렸다.

서준이가 대한이를 노려보더니 날카로운 소리로 외쳤다.

"야! 이대한, 넌 알아? 지도 모르는 게 잘난 척하기는!"

순간 화가 머리끝까지 치솟은 대한이도 지지 않았다.

"그 소나무는 1953년생이다. 바로 그해에 판문점에서 휴전 협정이 맺어졌기 때문에 그 나무를 심은 거라고. 그리고 한 가지 더 가르쳐 줄까? 3·1 운동이 일어난 건 1918년이 아니라 1919년이다."

"우와! 대한이 대박 똑똑해!"

누군가 이렇게 말하더니 박수를 치기 시작했다. 그러자 다른 아이들도 대한이를 향해 박수를 쳐 주었다. 서준이는 분이 풀리지 않았는지 씩씩거리며 대한이를 계속 노려보았다.

"선생님, 대한이가 퀴즈 왕이에요. 선물 주세요."

"맞아요. 선생님, 선물이 뭐예요?"

"대한이, 앞으로 나오세요."

대한이는 앞으로 천천히 걸어 나갔다.

"얘들아, 대한이가 북한과 통일에 대해 관심이 많은가 보다. 대한이처럼 뭐든 자기가 관심 있는 분야에 대해 공부하고 알아 가는 건 참 좋은 일이야."

그때였다. 대한이는 문득 친구들에게 자신이 북한에서 왔다는 걸 말하고 싶어졌다. 언젠가는 말하고 싶었는데, 지금이 바로 그때인 것 같았다.

"선생님, 저……."

대한이가 용기를 내어 입을 열었다.

"그래, 무슨 할 말이 있니?"

"제가 친구들에게 하고 싶은 말이 있는데요."

"얘들아, 대한이가 너희들에게 하고 싶은 말이 있다는데, 모두 조용히 하자."

곳곳에서 일던 작은 소음들이 일제히 잦아들었다. 교실이 그야말로 쥐죽은 듯 고요해졌다.

"제가 북한과 통일에 대해 여러분보다 잘 알고 있는 건……."

대한이의 심장이 아주 빠르게 두근거리고 있었다.

"사실 저는 5년 전에 엄마와 함께……."

대한이가 한숨을 내쉬며 잠시 뜸을 들이자 선생님이 작은 소리로 속

판문점은 북한 땅일까, 우리 땅일까?

판문점은 남북 공동 관리 구역에 설치된 동서 800m, 남북 600m의 좁은 땅을 말해요. 1953년 유엔과 북한은 6·25 전쟁을 잠시 멈추기로 합의하고 휴전 협정을 체결했어요. 그리고 휴전선을 관리하기 위해서 군사 분계선 상에 판문점을 설치했지요. 공식적으로 부르는 판문점의 이름은 '유엔 사령부 군사 정전 위원회 판문점 공동 경비 구역', 일반적으로 'JSA(Joint Security Area)'라고 부르지요.

판문점 북쪽에는 판문각과 통일각, 경비병 막사와 초소들, 남쪽에는 평화의 집과 자유의 집, 경비병 막사와 초소 등이 있어요. 군사 분계선 위에는 회의를 위한 7개의 기다란 건물이 있답니다.

자료: 통일부

2장 남북한 정상이 만난 날 터진 폭탄

삭였다.

"대한아, 힘들면 지금 이야기하지 않아도 괜찮아."

그때였다. 서준이가 자리에서 벌떡 일어나더니 큰 소리로 말했다.

"이대한, 너 북한에서 왔다는 거 말하려는 거지?"

아이들의 시선이 대한이에게서 서준이에게로 일제히 옮겨 갔다. 그리고 곳곳에서 웅성거리는 소리가 들려왔다.

"진짜야? 대한이가 북한 사람이야?"

"우와, 대박이다."

"헐! 이대한이 탈북민이라니!"

"얘들아, 조용!"

선생님이 서준이를 보며 무언가 이야기를 하려는 순간, 서준이가 다시 입을 열었다.

"맞지? 이대한, 너 탈북민이지? 이제 그만 커밍아웃하시지."

대한이의 불끈 쥔 주먹이 가늘게 떨렸다. 대한이는 양손 주먹을 힘차게 올려 교탁을 세게 내리쳤다.

"그래! 내 북에서 왔디. 너레 뭐 도와준 거 있니?"

대한이의 외침이 교실을 너머 운동장까지 울려 퍼졌다.

2018 남북 정상 회담은 어떤 일정으로 이루어졌을까?

2018 남북 정상 회담 공식 일정

자료: 오마이뉴스

오전 9:30
- 남북한 정상이 판문점 군사 분계선에서 만남
- 김정은 국무 위원장이 군사 분계선을 넘어옴

오전 9:40
- 자유의 집과 평화의 집 사이 판문점 광장에 도착
- 의장대 사열 및 공식 환영식
- 평화의 집으로 이동
  (김정은 위원장 방명록 서명 & 문재인 대통령과의 기념 촬영)

오전 10:30
정상 회담 시작

오후 4:27
- 남북 정상 평화와 번영을 기원
- 공동 기념 식수 행사

오후 4:42
도보 다리 산책

오후 5:40
정상 회담(평화의 집) 합의문 서명 발표
('한반도에 더 이상 전쟁은 없을 것')

오후 6:30
환영 만찬 및 환송 행사

2018 남북 정상 회담, 그 후

2018년 남북 정상 회담이 성공적으로 치러진 후, 통일이 성큼 다가온 듯한 분위기였어요. 이산가족 상봉도 재개되고, 개성 공단도 다시 열릴지 모른다는 희망이 보였지요. 하지만 2019년 2차 북미 정상 회담이 결렬되면서 남북 관계는 다시 얼어붙었고, 2020년 6월 탈북민 단체들이 북한에 살포한 전단지를 두고 북한 정부가 항의하기 시작하면서 그동안의 노력이 물거품이 되었다는 평가가 있을 정도로 상황은 악화되었어요.

여기에 북한이 개성 공동 연락 사무소를 폭파하고, 이후 남측 공무원이 북한군에 의해 피격, 사망한 사건이 발생해 두 나라 간에 긴장감이 고조되었지요. 하지만 북한 김정은 위원장이 통지문을 통해 "우리 측 수역에서 뜻밖에도 불미스러운 일이 발생하여 남녁 동포들에게 커다란 실망감을 더해 준 데 대해 대단히 미안하게 생각한다."고 사과를 전해 오면서 분위기는 다시 녹는 듯했어요.

이런 식으로 남북 관계는 주변 상황과 예상치 못한 문제가 발생하면서 평화와 긴장의 상태가 반복되고 있어요. 하지만 예전처럼 적대적인 관계를 유지하지 않고 가급적 대화로 풀어 가려는 분위기이기 때문에 통일이 좀 더 가까워진 것은 아닐까 예상하고 있답니다.

북한, 개성 공단 남북 공동 연락 사무소 청사 폭파

자료: 조선 중앙 통신 홈페이지

평화 통일을 향한 남북 정상 회담

우리 역사 속에서 남북 정상 회담이 처음으로 열린 건 2000년 6월 13일의 일이에요.

그 당시 김대중 대통령은 북한을 향해 '햇볕 정책'을 펼쳤어요. 햇볕 정책은 이솝 우화 '해님과 바람'에서 따온 정책이에요.

'해님과 바람'에서 꽁꽁 여민 나그네의 외투를 벗긴 건 거센 바람이 아니라 따뜻한 햇볕이었어요. 그처럼 북한이 전쟁에서 평화로 마음을 열고 통일과 번영의 길로 나아가기를 바라는 마음에서 북한을 향해 따뜻하게 여러 정책을 펼쳤지요.

남북의 정상 김대중 대통령과 김정일 국방 위원장이 평양에서 처음으로 만나고 난 뒤 남북 관계에는 크고 작은 변화가 있었어요. 남쪽에서는 북한 금강산 관광 길이 열렸고 개성 공단도 만들어졌지요. 또 남북 이산가족이 만날 수 있게 되었고 남북 학자들이 만나 공동으로 여러 일을 도모했어요.

그 뒤, 2007년 10월에 노무현 대통령과 김정일 국방 위원장 간에 남북 정상 회담이 열렸고, 2018년에는 문재인 대통령과 김정은 국무 위원장이 4월, 5월, 9월 세 차례에 걸쳐 남북 정상 회담을 가졌어요. 이렇게 남북 정상이 여러 차례 만나 한반도에는 더는 전쟁이 없음을, 평화와 번영의 길로 함께 나아갈 것을 약속했답니다. 하지만 남북 정상 회담 사이에도 대한민국과 북한의 사이는 좋고 나빠지기를 반복해 왔지요. 북한은 핵 개발과 미사일 발사를 멈추지 않았고 2016년에는 개성 공단이 폐쇄되었어요.

남북 정상 회담, 국민들의 생각은?
남북 정상 회담 직후 실시 여론 조사 결과

단위: %

남북 정상 회담 결과 평가
(자료: MBC-코리아 리서치 센터)
- 성과 있었다 88.7
- 성과 없었다 8.0

정상 회담 전후 북한 비핵화와 평화 정착 의지에 대한 신뢰도 변화
(자료: CBS-리얼미터)
- 이전에는 불신했지만 지금은 신뢰한다 52.1
- 이전에도 지금도 불신한다 26.2
- 이전에도 지금도 신뢰한다 12.6
- 이전에는 신뢰했지만 지금은 불신한다 2.1

정상 회담 이후 남북 관계 변화 전망
(자료: 한국 사회 여론 조사 연구소)
- 근본적으로 바뀔 것 59.6
- 근본적으로 바뀌지는 않을 것 34.8
- 전혀 변하지 않을 것 4.0

이처럼 남북 관계가 좋았다 나빴다를 반복하는데도 남북 정상 회담은 실제로 효과가 있는 걸까요? 통일을 향해 나아가기 위해서는 남과 북 사이에 어떤 노력이 더 필요할까요?

🦉 초성 퀴즈

남북 정상 회담에 관한 아래 글에서 빈칸에 들어갈 단어를 바르게 써 보세요.

1
2018년 4월 27일에 열린 남북 정상 회담은 우리나라가 ㅂ ㄷ 국가가 되고 난 뒤 북한의 정상이 남측으로 와서 열린 남북 간의 첫 정상 회담이에요.

2
2000년 우리나라 최초의 남북 정상 회담 당시 김대중 대통령이 북한에 대해 펼친 정책은 ㅎ ㅂ 정책이에요.

3
2018 남북 정상 회담을 마친 뒤 두 정상은 평화의 집에서 한반도 평화와 번영, 통일을 위한 정상 회담 합의문인 ㅍ ㅁ ㅈ 선언을 발표했어요.

4
판문점의 공식적 명칭은 '유엔 사령부 군사 정전 위원회 판문점 ㄱ ㄷ ㄱ ㅂ ㄱ ㅇ'이고, 일반적으로 JSA(Joint Security Area)라고 불러요.

정답: ❶ 분단 ❷ 햇볕 ❸ 판문점 ❹ 공동 경비 구역

너랑 나는 원수야, 원수!

그날 이후 대한이와 서준이는 서로 원수 사이가 되었다.

교실과 운동장 등 학교 곳곳에서 둘은 하루에도 몇 번씩 티격태격했고, 그럴 때마다 선생님은 두 사람을 불러서 화해시키려고 애썼다. 하지만 둘은 선생님 앞에서만 화해하는 척했을 뿐 돌아서기 무섭게 다시 서로를 향해 으르렁거렸다.

대한이는 서준이만 보면 자신에게 북에서 온 걸 커밍아웃하라고 몰아붙이던 순간이 자꾸 떠올랐다. 그날 대한이는 교실에서부터 터져 나오려던 울음을 꾸역꾸역 삼키며 집으로 돌아갔다. 대한이는 서준이를 절대 용서하지 않겠다고 몇 번이나 다짐했다.

서준이 대한이가 북에서 온 걸 알게 된 건 사건이 터지기 바로 전날이었다. 저녁을 먹으며 엄마가 아빠에게 하는 소리를 우연히 듣게 되었는데, 그게 바로 대한이 엄마에 관한 이야기였다.

"탈북한 그 아줌마 아들이 우리 서준이랑 같은 반이라네."

"그래?"

"누군가 했더니 되게 조용한 남자애 하나 있더라고. 이름이 특이했는데, 그래! 대한인가 뭐 그렇대요."

엄마가 서준이 눈치를 보며 일부러 작은 목소리로 말했지만 오히려 그게 더 서준이의 귀를 쫑긋하게 만들었다.

서준이도 처음에는 대한이의 비밀을 지켜 줄 생각이었다. 대한이가 틀린 답을 말한 자신을 비웃지만 않았어도 북에서 왔다는 걸 말하지 않으려고 했다. 그러니까 이 모든 갈등의 책임은 대한이에게 있다고 생각했다.

대한이는 친구들에게 자신의 오랜 비밀을 털어놓을 기회를 빼앗아 간 서준이가 싫었다. 하지만 그나마 다행인 것은 반 친구들의 반응이었다. 반 아이들은 대한이가 걱정했던 것처럼 대한이를 '자신들과 다른 아이'로 보고 멀리하지는 않았다. 오히려 대한이가 북에서 왔다는 걸 알게 된 날부터 더 가깝게 다가오고 북한에 대해 궁금한 것들을 물어 왔다.

"대한아, 너 북에서 살 때도 이름이 이대한이었어?"

쉬는 시간에 민우가 물었다. 민우는 어린이 통일 기자단 활동을 하고 있어서인지 대한이에게 특히 친근하게 다가왔다.

"아니. 북에서는 다른 이름이었지."

"어쩐지 이상하더라. 북에서 사용하기에는 너무 안 어울리는 이름이다 생각했지."

"진짜 궁금하다. 북한 이름은 뭐야?"

수아가 고개를 돌려 뒤를 돌아보며 물었다.

"리충성!"

"충성? 와! 이름 되게 특이하다."

수아가 활짝 웃으며 말했다.

"북에서는 충성, 혁신, 은혜 이런 이름을 많이 써. 북한 체제의 특성 때문이지. 대한아, 맞지?"

통일 기자단다운 민우의 말이었다.

"맞아. 우리 아빠 이름이 혁신이거든. 리혁신!"

그때 서준이가 끼어들며 대한이 말을 받아치고 나섰다.

"이름이 혁신이라고? 되게 촌스럽네. 근데 너네 아빠는 아직 북한에 있는 거야?"

"아니, 우리 아빠는 북한에 안 계셔."

"거짓말. 너 엄마랑 둘이 대한민국으로 도망쳐 왔잖아. 우리 엄마가 그러는데 아빠는 같이 안 왔다던데?"

대한이는 서준이 입에서 아빠 이야기가 나오는 게 죽을 만큼 싫었다.

"도망친 거 아니거든!"

대한이는 자기도 모르게 주먹을 불끈 쥐었다.

"차서준, 너 잘 알지도 못하면서 그만해."

수아가 말했다.

그때 마침 수업 시간 시작을 알리는 종이 울렸다.

대한이는 허락도 없이 자기 아빠 이야기를 꺼낸 서준이에게 몹시 화가 났다. 친구들 앞에서 당당하게 말하고 싶었는데, 그 기회를 놓친 것이다. 게다가 아빠를 두고 온 것에 죄책감도 들었다.

 **북한이 궁금한 아이들**

2교시가 끝난 뒤 중간 놀이 시간, 아이들의 질문이 다시 이어졌다.
"대한아, 근데 북한에는 진짜 핵무기가 있어?"
윤지가 물었다.
"음…….”
대한이가 북한의 핵무기에 대해 말하려는 순간 민우가 끼어들며 말했다.
"당연히 있지. 그래서 미국이 북한 핵 때문에 골치 아파 하는 거잖아. 북한이 만약 핵을 가지게 되면 미국에 위협이 될 수도 있으니까 그걸 막으려고 그러는 거지."
"우리 오빠는 북한이 강한 핵무기를 가지고 있었으면 좋겠대. 우리랑 통일을 하면 우리가 핵을 가진 나라가 되잖아? 그럼 다른 나라들이 꼼짝도 못할 거라고."
윤지가 말했다.
"북한이 핵을 가지면 우리가 통일이 되기 전에 우리나라는 물론 세계가 위험에 빠질 수 있어. 북한이 핵을 가지는 건 정말 위험해."
민우가 한마디로 잘라 말했다.
아이들은 어느새 대한이를 가운데 두고 모여 앉아 토론의 장을 벌이

북한은 왜 핵무기를 만들까?

2차 세계 대전은 미국이 일본에 원자 폭탄을 투하하면서 끝이 났어요. 이때 국제 사회는 핵무기의 위력에 깜짝 놀랐고 큰 두려움을 느끼게 되었지요. 그래서 핵을 무기가 아닌 평화적인 용도로만 쓰자고 '핵 확산 금지 조약(NPT)'을 만들게 되었고 북한도 1985년에 이 조약에 가입했어요. NPT 체제 하에서 핵 보유국은 어떠한 경우라도 핵 장비나 물질을 비보유국에 수출할 수 없으며, 비보유국 역시 핵 폭약을 제조하거나 반입할 수 없어요. 그리고 비보유국은 이러한 의무를 제대로 지키고 있는지를 확인받기 위해 핵 사찰을 비롯한 국제 원자력 기구(IAEA)의 안전 조치를 준수해야 하는 의무가 있지요.

하지만 북한은 IAEA의 특별 사찰에 반발하여 1993년 NPT 탈퇴를 선언해요. 이후 국제 사회의 노력으로 탈퇴를 유보하다가 결국 2003년 탈퇴를 공식화했어요. 자신들의 핵무기를 개발하고 있는 상황을 외부에 정확하게 알리는 걸 원하지 않기 때문이지요.

고 있었다.

"야, 너희들 북한 빼고 세계에서 핵무기를 가진 나라가 어느 어느 나라인지 알아?"

대한이가 물었다. 친구들의 핵 이야기를 듣다 보니 철우 삼촌에게서 들었던 말이 생각났기 때문이다. 대한이는 오랜만에 아는 체를 할 기회가 온 것 같았다.

"미국, 중국, 러시아, 영국, 독일, 또……."

동호가 손가락을 꼽으며 말했다.

"틀렸어. 독일은 아니야."

대한이가 말했다.

"나! 나 알 것 같아."

유신이가 손을 들고 자신을 지목해 주길 바라며 대한이를 쳐다봤다. 대한이와 아이들의 시선이 유신이에게 집중되었다.

"일단 미국이랑 중국, 러시아는 있고 영국, 프랑스, 인도랑 파키스탄, 이스라엘 그리고 일본! 맞지?"

"아쉽지만 틀렸어. 그리고 이스라엘은 국제 사회의 물음에 핵무기가 있다고 긍정도 부정도 하지 않고 있어."

대한이가 말했다.

"일본! 일본은 핵이 없지 않아?"

윤지가 말했다.

"맞아, 저번에 텔레비전에서 봤는데 미국과의 약속 때문에 핵무기 연구가 금지되어 있다고 하더라."

민우의 말에 동호가 문득 생각난 듯 물었다.

"북한은 일본을 어떻게 생각해?"

"북한은 일본을 아주 싫어해. 북한에서는 일본을 '100년 숙적 일본'이라고 부를 정도야. 몰랐니?"

대한이는 신났다. 언젠가 철우 삼촌이 한반도를 둘러싼 미국, 중국, 일본 등 강대국들이 왜 사사건건 북한과 대한민국의 일에 끼어드는지 설명해 주었던 게 기억났다. 그때 관심을 가지고 열심히 들었던 게 다행이라는 생각이 들었다.

"숙적이 뭐야?"

윤지가 물었다.

"숙적은 '아주 오래된 원수'라는 뜻이야. 북한에서는 일본이 100년 동안 저지른 범죄를 꼭 따져서 그 죄를 묻겠다고 말하지."

"일본이 북한에 무슨 죄를 저질렀는데?"

동호가 물었다.

"우리 조선을 강제로 빼앗아 식민 지배를 했잖아. 조선 사람들을 강제로 끌고 가서 일을 시키다 죽게 하고 위안부 문제도 남아 있어."

"맞아. 우리가 일본에게 과거사에 대해 정식으로 사과받아야 하는 것처럼 북한도 마찬가지겠네. 일본의 한반도 침략은 남과 북이 갈라지기 전에 일어난 일이니까."

윤지가 말했다.

 누구 힘이 더 셀까?

그때였다. 조금 떨어진 자기 자리에 앉아서 대한이를 둘러싼 아이들의 이야기를 듣던 서준이가 아이들을 향해 말했다.

"그래 봤자 우리나라도 아니고 북한이 일본을 이길 수 있을 것 같아? 북한은 힘도 없으면서 맨날 센 척만 하는 게 문제야."

대한이는 서준이의 말도 어느 정도 맞다고 생각했다. 철우 삼촌이랑 이야기를 할 때 삼촌도 그렇게 말했던 게 기억이 났다.

'북한이 미국에 대해 강하게 말하는 건 진짜 미국과 싸워 이길 자신이 있어서 그러는 건 아닐 거야. 미국은 엄청 강한 나라거든. 속으로는 미국이 진짜 자신들을 공격할까 봐 겁을 먹고 있어도 겉으로는 일부러 더 센 척하는 거지.'

대한이가 서준이 말이 맞는다고 말하려는 순간 서준이가 다시 입을

열었다.

"이대한! 너는 힘도 없으면서 센 척하는 북한이랑 닮았어. 너도 별로 아는 것도 없으면서 아는 척하잖아."

서준이는 요사이 반 아이들의 관심이 온통 대한이에게 쏠려 있는 게 못마땅했다. 그렇다 보니 자신도 모르게 심한 말이 튀어나오고야 말았다. 그리고 그 말이 대한이의 자존심을 건드렸다.

"그래, 북한이 여러 면에서 일본보다 못한 건 맞아. 하지만 그렇다고 해서 네가 일본 사람인 것도 아니잖아? 왜 자꾸 일본 편만 드는데? 너 혹시 일본 사람이야?"

"뭐라고?"

서준이가 책상을 발로 걷어차며 큰 소리로 외쳤다.

"왜 내 말이 틀렸니?"

대한이가 먼저 의자를 밀치고 일어나자 서준이도 의자에서 벌떡 일어나더니 대한이 앞으로 다가갔다.

그때 밖에 나갔던 선생님이 교실로 들어왔다.

"또 무슨 일이야?"

대한이 주위에 몰려 있던 아이들이 선생님 눈치를 보며 슬금슬금 제자리로 흩어졌다. 금방 전쟁이라도 날 듯 4학년 3반을 가득 채웠던 팽팽한 긴장감도 순식간에 스르르 풀려 어딘가로 흩어져 버렸다.

진짜 전쟁이 벌어진 건 그날 점심 후 5교시 체육 시간이었다.

선생님의 호루라기 소리와 함께 피구가 시작되자 두 개의 공이 아이들 사이를 쉴 새 없이 날아다녔다. 그런데 그날따라 대한이가 유독 몇몇 남자아이들의 공격 대상이 되었다. 몸집이 작은 대한이는 비교적 날쌔게 공을 피해 다녔지만 한 개도 아닌 두 개의 공을 피하기란 쉽지 않아 보였다.

북한과 일본은 멀까, 가까울까?

북한은 일본을 '100년 숙적'이라고 불러요. 숙적은 쉽게 말하면 '원수'라는 뜻인데, 북한은 우리보다 더 강하게 일본에 대해 과거사 문제를 청산해야 한다고 주장하지요. 36년간 우리나라를 식민 지배한 일본이 아직도 진심으로 사과하고 배상하지 않는 것을 강하게 비판하고 있는 거예요. 이에 대해 일본은 '북한이 납치해 간 일본인 문제'를 들고 나섰어요.

북한은 1970~1980년대에 일본인을 납치해 갔는데, 이러한 사실은 2002년 제1차 북일 정상 회담이 이루어질 때 북한도 인정했어요. 그리고 북한은 당시 5명의 납치해 간 일본인을 돌려보냈어요. 단 두 나라 사이에는 납치자 수를 놓고 다른 주장을 하고 있어요. 북한과 일본은 과거사를 청산하고 경제 협력을 하자고 했다가도 일본이 납치자 문제를 들고 나서거나 북한이 미사일 발사 실험 등을 하면 한때 좋았던 분위기가 다시 험악해지는 식으로 여전히 줄다리기 싸움을 하고 있답니다.

대한이가 이상하다고 느끼고 시합에서 빠져야 겠다고 마음먹을 무렵 일이 터지고 말았다. 요리조리 공을 피해 다니던 대한이가 발이 미끄러져 슬라이딩하듯 자기 진영 안에서 누워 버렸다.

"지금이야!"

서준이의 외침과 함께 반대 진영에 선 서준이와 아웃라인 밖에 서 있던 현수가 동시에 대한이를 향해 공을 내리꽂았다. 그렇게 공은 넘어진 대한이의 얼굴을 연이어 강타했다.

"아악!"

여자아이들의 비명소리와 선생님의 호루라기 소리가 운동장을 날카롭게 갈랐다.

"선생님, 대한이 코피 나요."

선생님은 손수건을 꺼내 들고 손등으로 코를 막고 있는 대한이에게 다가갔다.

"대한아, 괜찮니? 머리나 어디 다른 아픈 데는 없어?"

대한이는 말 대신 고개를 끄덕였다.

"모두 씻고 조용히 교실로 돌아가 자리에 앉아 있어."

선생님의 말에 아이들이 운동장을 가로질러 교실로 향했다.

"민우야, 대한이와 함께 보건실로 좀 가 줄 수 있니?"

그때였다. 피 묻은 손수건을 바닥에 내동댕이친 대한이가 누군가 말릴 틈도 주지 않고 목표물을 향해 달려갔다. 순식간에 옆구리를 얻어맞은 서준이는 맥없이 운동장 한가운데 쓰러졌다.

세계 핵 개발, 어디까지 진행됐을까?

스톡홀름 국제 평화 연구소에 따르면 전 세계 핵무기 수는 2020년 1월 기준 13400개예요. 한 해 전보다 감소한 수치지요. 미국과 러시아는 2010년 서로 핵무기를 감축하기로 했어요. 원래는 2021년까지였지만 5년 더 연장하기로 합의했지요. 그 이후에 어떻게 될지 모르지만, 전 세계를 멸망시킬 수 있는 핵무기를 강대국들이 감축하기로 한 건 긍정적인 신호라고 할 수 있어요.

그래도 현재 13400개의 핵무기가 언제든 사용할 수 있도록 준비되어 있다는 것은 끔찍한 일이에요. 2차 세계 대전 때 히로시마에 떨어진 원자 폭탄으로 14만 명이 사망하고, 나가사키에 떨어진 원자 폭탄으로 7만 4천 명이 목숨을 잃었어요.

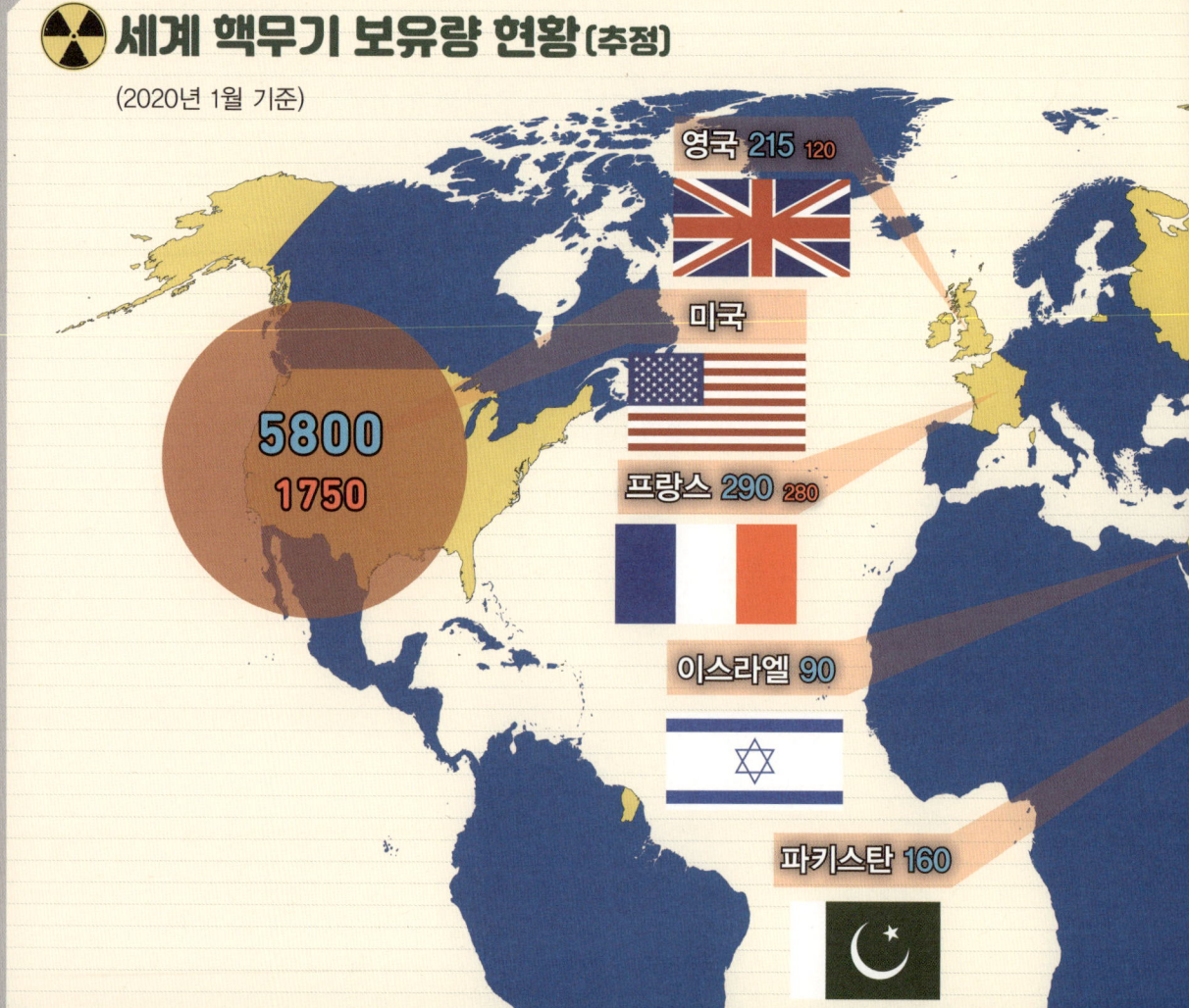

최근에 만들어진 핵폭탄의 위력은 더 강력하다고 하니, 세계 전쟁은 절대 일어나면 안 돼요.
핵무기 보유국 사이의 관계를 살펴볼까요? 러시아와 미국, 중국과 미국은 사이가 좋지 않아요. 중국과 인도는 국경에서 인명 피해가 발생할 정도로 사이가 안 좋지요. 인도는 파키스탄과 사이가 안 좋고요. 이스라엘은 팔레스타인을 비롯해서 주변 국가와 늘 긴장 상태이지요. 북한은 미국과 사이가 안 좋고요.
이렇다 보니 그 사이에 끼인 우리나라 입장에서는 이들의 관계에 신경 쓰지 않을 수 없는 상황이에요.

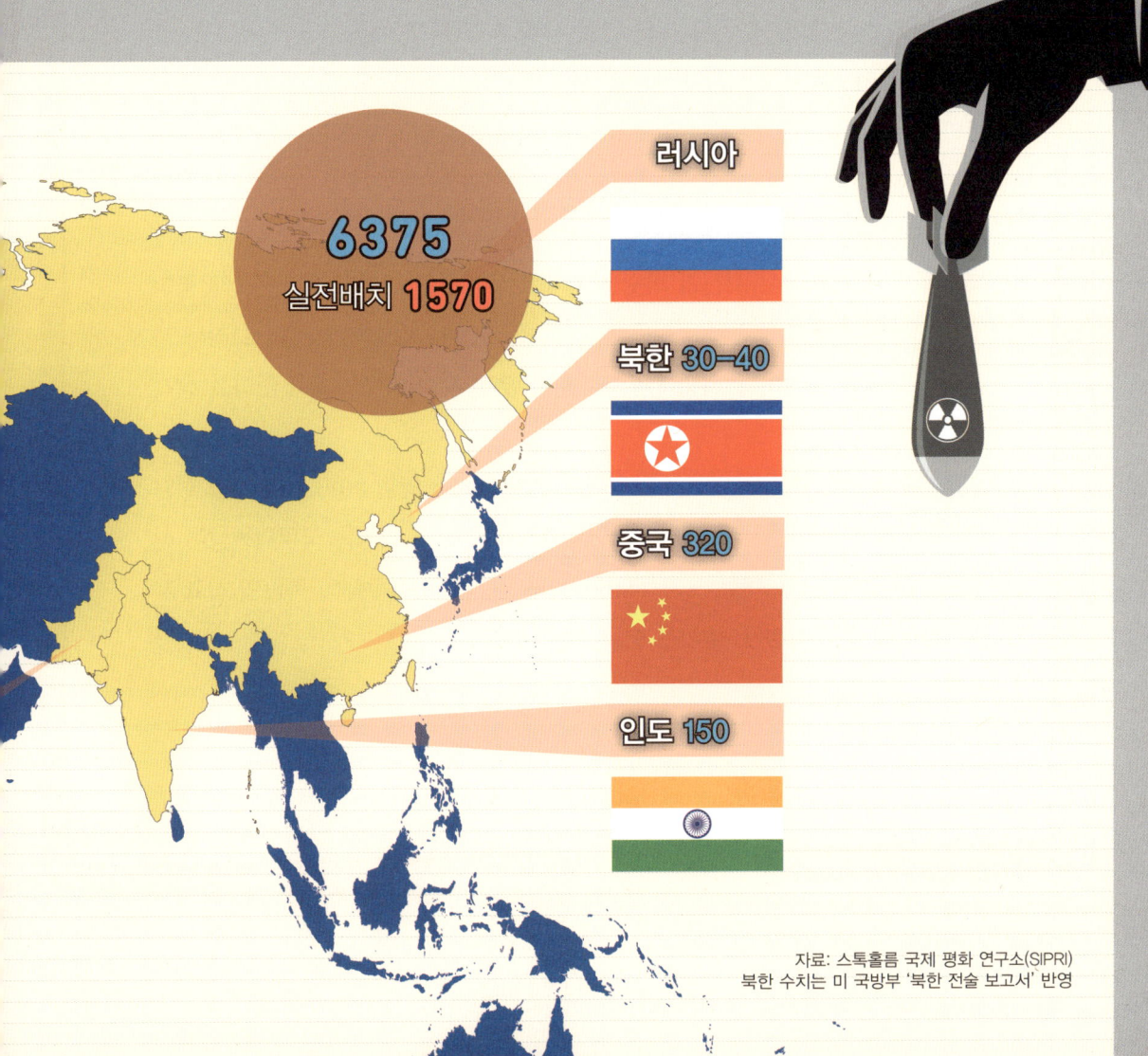

6375
실전배치 1570

러시아

북한 30-40

중국 320

인도 150

자료: 스톡홀름 국제 평화 연구소(SIPRI)
북한 수치는 미 국방부 '북한 전술 보고서' 반영

북한은 핵무기를 포기할 수 있을까?

북한은 국제 사회에 늘 강경한 태도를 취하지만 만약 전쟁이 나면 큰일이에요. 만약 미국이 북한을 공격하기라도 하면 양국의 전력 차이를 생각할 때 북한은 항복할 수밖에 없어요. 그럼에도 북한이 대내외적으로 강한 목소리를 내는 건 북한 정치의 폐쇄적인 측면으로도 이해해 볼 수 있어요.

북한 정치 체제의 특징은 1당 지배 체제, 유일 지배 체제, 세습 지배 체제예요. 그리고 북한 지도층은 자신들의 체제를 계속 유지하고 싶어 하지요. 그러려면 북한 주민들에게는 북한은 미국과 맞서는 강한 국가라고 알려야 하고, 대외적으로는 핵무기나 미사일로 무장을 해서 미국이나 다른 나라들이 함부로 공격할 수 없도록 보여야 해요.

북한은 국제 사회에서 자신과 비슷한 체제를 유지하던 이라크 후세인 대통령이나 리비아의 카다피 대통령이 미국에 패배하는 모습을 보았을 거예요. 그러니 자신들의 체제를 보장하기 위해서는 핵무기로 무장을 하는 방법밖에 없다고 생각한 거지요.

그럼에도 북한은 조금씩 변화하고 있어요. 판문점에서 열린 2018 남북 정상 회담이 전 세계에 생방송으로 나갔고 미국과 대화하기 위해 김정은 국무위원장이 싱가포르와 베트남 하노이로 오기까지 했지요. 이렇게 국제 무대에 북한의 최고 지도자가 모습을 드러낸 건 놀라운 변화랍니다.

핵 개발에 있어서 왜 북한만 제재를 가할까?

다른 나라도 핵 개발을 하는데 북한에만 뭐라고 하는 것 같다고요? 사실 꼭 그렇지만은 않아요. 지금까지 핵무기를 개발하는 국가는 모두 강력한 견제를 받아 왔어요. 영국과 프랑스, 중국의 경우에도 미국과 소련의 상당한 방해와 압박을 받았다고 해요. 이후 인도, 파키스탄, 이스라엘, 남아프리카공화국도 마찬가지였죠. 물론 그래도 핵 개발에 성공했다는 건 문제가 있지만요. 특히 핵 확산 금지 조약을 맺은 이후로는 전 세계의 모든 나라가 핵 개발을 하는 데 있어서 제재를 가하고 있어요. 강대국들은 핵무기를 그렇게 많이 갖고 있으면서 다른 국가가 힘을 갖기 위해 개발을 막는 건 문제가 있을 수 있어요. 그렇지만 전 세계에 위협이 되는 핵무기 개발을 막는 건 전 인류의 다짐 같은 거예요.

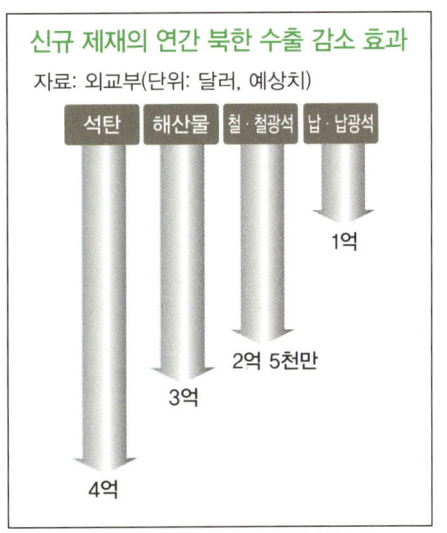

특히 북한이 문제가 되는 것은 이 핵 확산 금지 조약을 맺은 뒤 수혜를 받은 뒤에 탈퇴하고 핵무기를 개발했다는 점에 있어요. 도움만 받고 핵무기를 개발할 수도 있는 선례를 남겼기 때문에 더 강력한 제재를 받는 것이지요.

그런데 북한이 핵무기를 포기하지 않아도 북한과 대화를 지속하는 게 맞을까요? 아니면 북한이 핵무기를 포기했을 때 대화를 해야 할까요?

맞혀 볼까요?

3장을 재미있게 읽었나요? 다음 질문에 답해 보면서 얼마나 이해했는지 점검해 보세요.

1 북한이 일본을 놓고 자주 쓰는 말은 무엇인가요?

　㉠ 돈독한 이웃　　㉡ 견원지간　　㉢ 철천지 원수
　㉣ 100년 숙적　　㉤ 100년 친구

2 아래 여러 나라들 중 공식적으로 핵을 가지고 있는 것으로 알려진 나라가 아닌 것은?

　㉠ 영국　　㉡ 독일　　㉢ 프랑스
　㉣ 중국　　㉤ 러시아

3 비핵 국가가 새로 핵무기를 보유하는 것과 보유국이 비보유국에 대하여 핵무기를 늘리는 것을 동시에 금지하는 조약을 무엇이라고 하나요?

　㉠ 핵 확산 금지 조약　　㉡ 비핵화 조약
　㉢ 핵무기 금지 조약　　㉣ 핵무기 보편 조약
　㉤ 핵무기 보유 조약

정답: 1. ㉢, 2. ㉡, 3. ㉠

커밍아웃 당했지만 괜찮아

"우리 자랑스러운 대한이, 엄청 배고팠지. 날래 먹으라."

철우 삼촌이 햄버거 세트가 든 쟁반을 내려놓으며 말했다.

"삼촌, 전에 삼촌이 우리 아빠랑 연락할 수 있다고 했잖아요."

"그랬지."

"혹시 연락 됐어요?"

"아직 답이 안 왔다. 왜?"

"서준이가 엄마랑 내가 아빠를 두고 도망쳤다고 그랬어요."

"그래서 서준이를 때리니 속이 좀 시원하니?"

"……."

대한이는 말없이 햄버거를 우적우적 씹어 먹었다.

"학폭위에서 결정이 나면 저는 어떻게 되는 거예요?"

"그야 어떤 결정이 나느냐에 따라 다르겠지. 알아보니 이 경우 최악의 결과가 나온다면 전학 조치일 거라고 하더라. 그런데 어차피 넌 대안 학교로 전학 가고 싶어 했잖아."

"전에는 그랬었죠."

"그럼 지금은 아니라는 말이야?"

대한이는 긍정도 부정도 하지 않았다.

솔직히 서준이만 빼면 학교가 점점 좋아지고 있던 차였다. 서준이를 때린 후에도 대한이는 쉽게 분을 삭이지 못했다.

둘이 싸운 다음 날 서준이는 학교에 오지 않았다. 그다음 날도 서준이는 학교에 오지 않았다. 대한이는 하굣길에 운동장을 가로지르다 자신을 부르며 뛰어온 동호로부터 좋지 않은 소식을 전해 들었다.

"대한아! 차서준 엄마가 지금 학폭위를 신청하러 교무실에 왔대."

"학폭위가 뭔데?"

대한이는 처음 듣는 단어에 고개를 갸우뚱했다.

"학교 폭력 대책 자치 위원회. 너, 어떡하냐?"

그날 늦은 오후, 엄마는 담임 선생님으로부터 전화를 받았다. 담임 선생님과 엄마의 전화 통화는 그 어느 때보다 오래 이어졌고, 통화 내내 엄마는 한숨을 섞어 가며 죄송하다고 말해야 했다.

학폭위가 열리기 전에 대한이는 그날 체육 시간에 있었던 일을 여러 어른들에게 몇 번이나 반복해서 이야기해야 했다. 하지만 엄마가 걱정할 것 같아서 탈북자 커밍아웃에 관한 얘기는 하지 않았다.

드디어 학교 폭력 위원회가 열리는 날, 아침부터 하늘이 잔뜩 흐리더니 오후가 되자 제법 많은 비가 내렸다. 엄마와 함께 복도 의자에 앉아 있는 대한이는 비에 젖은 솜뭉치처럼 몸도 마음도 무겁게 내려앉았다.

"대한아, 잘못을 했으면 잘못을 인정하고 용서를 구하면 돼. 어깨 좀 펴라."

엄마가 대한이 등을 쓸어내리며 말했다.

"후유."

대한이는 대답 대신 한숨인지 심호흡인지 알 수 없는 긴 숨을 내쉬었다. 일이 왜 이렇게까지 된 건지 알 수 없었다.

얼마 뒤 학교 소회의실 문이 열리며 서준이가 엄마와 함께 나왔다. 두 사람은 대한이와 엄마를 지나쳐 금세 건물 밖으로 사라졌다.

소회의실 안에는 교감 선생님과 학폭위 담당 선생님, 학폭위 위원들과 학폭위 전담 경찰관이 앉아 있었다.

대한이가 엄마와 함께 준비된 자리에 앉자 어른들이 대한이에게 먼저 물었다.

"대한이는 피구를 하다가 공에 맞은 게 화가 나서 친구를 때린 걸 인정하니?"

대한이는 하고 싶은 말이 많았지만 웬일인지 목소리가 나오지 않았다. 한마디도 하지 못하게 무언가가 목구멍을 꽉 막고 있는 것 같았다.

"대한아, 인정하니?"

교감 선생님이 다시 물었다.

대한이는 하는 수 없이 고개만 끄덕였다.

"서준이만 노려서 때린 이유가 있니?"

"……."

"일부러 코피가 날 때까지 때린 거니?"

대한이가 고개를 숙인 채 대답을 하지 못하자 아주 잠깐 침묵이 흘렀다. 그러다 누군가가 말했다.

"대답하기 힘들면 말 안 해도 괜찮아."

"잘 모르겠어요."

대한이가 아주 작은 목소리로 말했다.

"어머님께서 주신 의견서 잘 읽어 보았습니다. 혹시 다른 하실 말씀이 더 있으신가요?"

한 학폭위 위원이 대한이 엄마에게 물었다.

"그저 선처를 바랄 뿐입니다. 그동안 우리 대한이가 학교에서 적응을 잘 못했습니다. 아무래도 북에서 왔다 보니 아이가 학교생활을 많이 힘들어 했습니다."

"네, 잘 알겠습니다."

"그럼 이쯤에서 조사를 마쳐도 될까요?"

학폭위 담당 선생님이 물었다.

"잠깐만요. 여기 다른 친구들 의견서에 주의할 만한 이야기가 있네요. 제가 대한이에게 묻고 싶은 게 있습니다."

학폭위 전담 경찰관이 말했다.

"대한이는 그동안 친구들에게 북한에서 온 걸 숨겼다는데, 왜 그랬는지 말해 줄 수 있니?"

"……."

"대한아, 혹시 친구들이 싫어하거나 자기들이랑 다르다고 멀리 할까 봐 그랬니?"

대한이가 처음으로 고개를 들어 자기에게 말을 걸어온 경찰관의 얼굴을 바라보았다. 경찰관은 부드러운 눈빛으로 대한이의 눈길을 받아 주었다. 왠지 용기를 내서 이야기를 해도 될 것 같았다.

"처음에는 그랬는데, 강제로 커밍아웃을 당하고 나서 친구들에게 말하길 잘했다는 생각이 들었어요."

"커밍아웃을 당했다니, 그게 무슨 말이야?"

"차서준이 아이들에게 제가 탈북자라면서 저보고 얼른 커밍아웃을 하라고 그랬거든요. 사실은 그날 제가 먼저 친구들에게 비밀을 털어놓으려고 했는데……."

"그래서 서준이랑 사이가 안 좋았니?"

"네. 서준이가 먼저 제 비밀을 폭로한 다음부터 자주 부딪쳤어요."

대한이 엄마는 대한이가 하는 말에 깜짝 놀라서 정신이 멍해졌다. 대한이가 요 며칠간 학교에서 일어난 일을 엄마에게 이야기하지 않았기 때문이었다.

"사건이 터진 그날도 체육 시간 전에 무슨 일이 있었다며?"

"차서준이 엄마랑 제가 둘이 산다고, 우리가 아빠를 버리고 북한에서 도망친 거라고 말했어요."

"진짜 그런 말을 했어? 혹시 그 말은 다른 친구들도 들었니?"

"네. 교실에서 애들이 다 같이 들었어요."

"그래서 화가 났구나? 그래서 서준이를 때릴 생각을 한 거야?"

"아니에요. 그날 피구를 하면서 차서준이랑 친한 애들이 저를 집중 공격했어요. 정신없이 도망을 다니다 미끄러져 넘어지는 바람에 한꺼번에 두 개의 공을 아주 세게 맞았어요."

"아이들이 일부러 너만 공격했다고?"

"네. 분명 그랬어요. 그게 너무 분했어요. 어쩌다 공을 맞아 코피가 난 게 아니라 저만 집중 공격해서 그렇게 된 게 화가 나고 억울했어요."

"그런데 어머니는 왜 그런 이야기를 의견서에 적지 않으셨어요?"

학폭위 위원이 대한이 엄마에게 물었다.

"저는 몰랐습니다. 아이가 지금 하는 이야기들을 처음 들어요."

대한이 엄마가 손수건으로 눈물을 훔치며 말했다.

"대한이는 왜 우리에게 그런 이야기를 하지 않았지?"

"그냥 엄마가 걱정을 하는 게 싫어서요."

어른들의 가벼운 탄식 소리와 함께 한동안 무거운 침묵이 흘렀다.

"엄마는 대한이가 대안 학교로 전학을 가고 싶어 한다고 적었는데, 대한이 의견은 어때?"

학폭 전담 경찰관이 물었다.

"저는 ……."

대한이는 무슨 말인가 하려다가 한동안 말을 잇지 못했다.

"대한아, 힘들면 천천히 말해도 돼."

"대안 학교에 가려면 엄마랑 이사를 가야 하고 그러면 엄마가 또 직장을 새로 찾아야 해요. 그리고 저도 학교가 좋아졌어요. 친구들도 좋아졌고요."

"그래, 알겠다. 네 의견을 솔직하게 말해 줘서 고마워."

학폭 전담 경찰관이 자리에서 일어나 대한이와 대한이 엄마를 회의실 밖까지 배웅해 주었다. 대한이가 밖으로 나오자 민우와 윤지, 수아와 동호가 복도에 서 있었다.

끔찍하지만 행복한 꿈

친구들의 위로 때문인지 대한이의 눈앞이 뿌옇게 흐려졌다. 꽉 막혔던 울음이 터져 나온 건 아무도 없는 운동장에서였다. 운동장 한가운데 서서 대한이는 아주 오랜만에 소리를 내서 가슴속 깊이 묵혀 있던 서러움을 모두 털어 냈다.

그날 밤 대한이는 끔찍하지만 아주 행복한 꿈을 꿨다.

꿈속에서 대한이는 교실에서 수업을 하고 있었다. 그런데 갑자기 여기저기서 폭탄이 터지는 것 같은 굉음이 들려왔다. 곧이어 교장 선생님이 교실마다 다니며 미국과 중국 사이에 전쟁이 났으니 얼른 집으로 돌아가라고 했다. 대한이와 아이들은 미국과 중국이 싸우는데 왜 우리가 집에 가야 하냐고 물었다. 선생님은 대답 대신 아이들을 서둘러 교실 밖으로 내보냈다.

집으로 가는데 동네가 전쟁 게임에 나오는 전투장처럼 변해 있었다. 곳곳에서 폭격기가 날아다니고 폭탄이 터지고 사람들은 총을 쏘며 뛰어다녔다. 무서워하는 친구들과 달리 대한이는 어쩐 일인지 하나도 무섭지가 않았다. 단지 미국이랑 중국이 싸운다면서 왜 대한민국이 전쟁터가 됐는지 이상하다는 생각이 들었다.

집에 돌아오니 엄마가 환하게 웃으며 맞아 주었다. 그러고는 대한이

손을 급히 잡아끌어 집 안으로 들어갔는데, 거기에는 대한이가 그토록 기다리던 아빠가 있었다.

대한이는 아빠에게 매달려 한참 동안 행복하게 웃었다. 아빠는 다시는 대한이와 헤어지지 않을 거라고 말했다. 대한이는 전쟁이 났지만 아빠가 있어서 하나도 무섭지 않았다. 아빠가 와서 정말 다행이라는 생각을 하다가 꿈에서 깨어났다.

대한이는 아빠를 만난 게 꿈이라는 사실이 무척 아쉬웠다. 하지만 이상하게도 슬프지가 않았다. 비록 꿈이었지만 아빠를 만나 행복했던 기억 때문인지 꿈에서 깬 이후에도 대한이는 계속 아빠에게 안겨 있는 것 같았다.

중국과 미국은 왜 사이가 안 좋을까?

한반도와 중국은 바로 옆에 붙어 있어요. 게다가 북한은 중국과 아주 밀접한 관계를 맺고 있어요. 중국은 북한에게 아주 중요한 나라예요. 경제 교류도 가장 크고 같은 사회주의권 국가로 의존도도 아주 높지요. 우리나라 역시 중국과 잘 지내면 경제적으로도 큰 도움이 되는 상황이에요.

반면 미국은 우리나라가 중국과 너무 가깝게 지내는 것을 좋아하지 않아요. 국제 사회에서 중국이 북한을 넘어 우리나라에 너무 많은 영향을 미칠까 봐 경계하고 있지요. 미국에게 한반도와 일본은 중국의 힘이 태평양을 넘어오지 않도록 하는 역할, 마치 파도를 막아 주는 방파제와 같은 역할을 하고 있는 상황이랍니다.

게다가 중국이 공산주의 국가면서도 자본주의 시장 정책을 도입하여 세계적으로 급성장을 하고 있기 때문에 미국으로서는 경계 대상의 국가일 수밖에 없어요. 6·25 전쟁 때 중국이 북한을 도와 군대를 파견한 것도 큰 이유이고요.

탈북 청소년을 이해해 볼까요?

남북하나재단의 '2018 탈북 청소년 실태 조사'에 따르면 탈북 청소년 중 절반 이상이 학교생활과 공부에서 어려움을 느끼지 않는다고 응답했어요. 그래도 많은 수의 친구들이 학교 수업을 따라가거나 책의 내용을 이해하는 데 어려움을 느끼고 있는 것도 현실이지요. 하지만 예전보다 신체 조건도 나아지고 있고, 북한 출신임을 밝히는 데 거리낌이 없다는 답변으로 보아 우리 사회에서 탈북민을 외부인이 아니라 한 나라의 국민으로 자연스럽게 받아들이고 있다고 할 수 있어요. 앞으로도 이들이 우리와 똑같은 조건에서 살아갈 수 있도록 편견을 갖지 않고 대해야 할 거예요.

일상생활

탈북 청소년 절반 이상이 학교생활과 공부에서 어려움이 없다고 응답
(상위 5순위)

학교생활 중 가장 어려운 점
- 1순위 별 어려움이 없음 59.8%
- 2순위 학교 수업 따라가기 21.3%
- 3순위 친구 사귀기 6.6%
- 4순위 남한의 문화 적응 3.0%
- 5순위 학교생활 규칙 지키기 2.2%

학교 공부 중 가장 어려운 점
- 1순위 별 어려움이 없음 51.4%
- 2순위 책의 내용을 이해하는 것이 어려움 13.6%
- 3순위 숙제나 과제를 하는 것이 어려움 10.8%
- 4순위 선생님께서 말하는 내용을 알아듣기 어려움 8.1%
- 5순위 공부 시간에 나의 의견을 말하는 것이 어려움 4.7%

신체·심리 건강

건강 상태 인식
- 좋음 74.9%
- 보통 19.5%
- 나쁨 5.6%

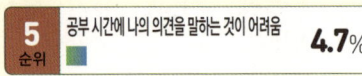

(지난 1년간) 스트레스 체감 정도
- 그런 적이 없음 17.6%
- 한두 번 경험함 28.2%
- 가끔 경험함 39.4%
- 자주 경험함 14.8%

탈북 청소년 10명 중 6명은 4년제 이상 대학교까지 교육받기를 희망함

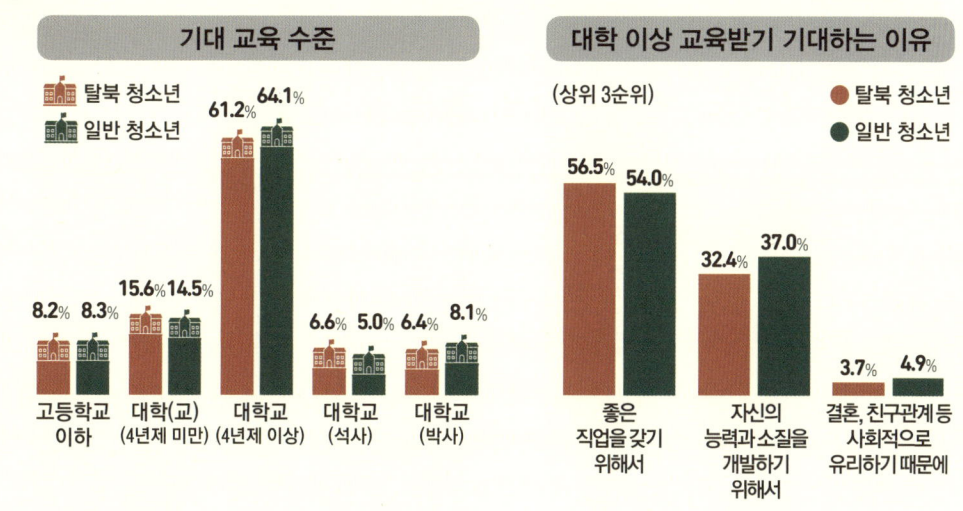

탈북 청소년의 절반은 직업을 선택할 때 적성, 흥미를 고려 (상위 5순위)

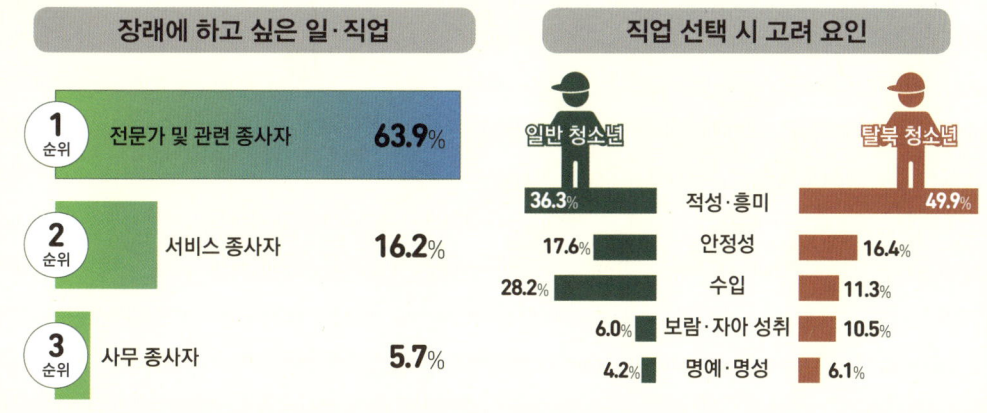

다른 나라도 우리나라의 통일을 원할까?

우리나라와 북한이 통일이 되어 한 나라가 되면 어떨까요? 우리나라가 통일되는 것을 다른 나라들은 좋아할까요?

우리나라 안에서도 통일에 대해 다양한 의견이 있지만, 세계 많은 국가들도 우리나라의 통일에 대해 다양한 의견을 갖고 있어요. 그중에는 우리나라의 통일을 바라지 않는 국가들노 있을 수 있어요. 왜냐하면 우리나라와 북한 사이의 긴장 관계가 유지되어야 자기들이 유리하다고 생각하기 때문이에요.

좀 더 구체적으로 살펴보면, 중국은 우리나라보다는 북한에 좀 더 영향력을 갖고 있는 국가예요. 동시에 중국은 우리나라의 최대 무역 상대국이지요. 그래서 중국은 우

리나라와 북한의 긴장 관계를 중국과 우리나라와의 경제 관계에 이용하지요. 우리나라와 동맹 관계에 있는 미국도 마찬가지예요. 미국은 중국과 경쟁 관계에 있기 때문에 우리나라와 북한의 긴장 관계를 이용해 우리나라에 중국을 군사적으로 견제할 수 있는 군대와 무기를 배치하곤 한답니다. 그런데 만약에 우리나라와 북한이 통일되면 미국 입장에서는 우리나라에서 지금까지 해 온 것처럼 중국에 대한 정치적이거나 군사적 견제를 할 수 없게 되겠죠.

이처럼 우리나라와 북한의 통일이라는 문제는 세계적인 정치적, 경제적, 군사적 관계 속에서 풀어 가야 할 복잡한 방정식이랍니다. 물론 이러한 나라들이 겉으로 드러나게 우리나라의 통일을 반대하는 것은 아니에요. 다만 우리나라가 분단 상태인 상황이 자기들에게 이익인 부분도 있기 때문에 그때그때 입장이 조금씩 바뀌고 있답니다.

우리나라가 통일을 할 기회가 왔을 때 주변 동맹국들이 찬성해 주지 않는다면 우리는 어떻게 하는 것이 좋을까요? 동맹국들과의 관계를 고려해 통일을 미루는 것이 좋을까요? 만약 통일을 한다면 어떤 식으로 동맹국들을 설득하는 것이 좋을까요?

맞혀 볼까요?

4장의 내용을 잘 이해했나요? 다음 질문에 답하면서 복습해 보세요.

1 다음 국가들 중 북한과 경제 교류 규모가 가장 크고 같은 사회주의권 국가로 의존도가 높으며 서로 혈맹 관계라 불리는 나라는 어디일까요?

㉠ 미국　㉡ 한국　㉢ 일본　㉣ 중국　㉤ 러시아

2 다음에서 설명하는 나라는 어느 나라일까요?

> 우리나라와 동맹 관계에 있어요.
> 중국과 경쟁 관계에 놓여 있지요.
> 6·25 전쟁 때 우리나라를 도와 북한의 침략을 막아 냈어요.
> 우리나라와 북한의 긴장 관계를 이용해 우리나라에 중국을 군사적으로 견제할 수 있는 군대와 무기를 배치하곤 하지요.

㉠ 미국　㉡ 독일　㉢ 일본　㉣ 대만　㉤ 러시아

 서준이의 사과

학폭위가 열린 지 일주일이 지났다. 학폭위 결과는 열흘에서 보름 사이에 집으로 보내진다고 했으니, 결과가 나오기까지는 이제 며칠 남지 않은 상황이었다.

대한이는 그동안 매일 학교에서 돌아오기 무섭게 우편함을 뒤졌고, 집으로 들어와서도 우편물이 있는지 꼼꼼히 살펴보았다. 대한이가 목이 빠지게 학폭위 결과를 기다리는 데는 그만한 이유가 있었다.

학폭위가 열리고 일주일 동안 무척 많은 일들이 일어났다. 가장 큰일은 피구 게임의 진실이 생각보다 쉽게 풀렸다는 점이다.

그날 있었던 피구 게임은 대한이가 의심한 대로 서준이가 친한 친구들에게 대한이만 목표물로 삼을 것을 강요했다는 사실이 드러났다. 그리고 또 다른 아이들의 의견서를 통해 서준이가 대한이에게 했던 행동들, 탈북 사실을 고백하라고 몰아붙이거나 아빠 이야기를 꺼내서 대한이를 자극한 사실들이 학폭위에 전달되었다.

대한이의 담임 선생님은 엄마에게 전화를 걸어와 여러 가지 사항들을 폭넓게 고려하게 될 거라며 크게 걱정하지 말라고 말했다. 그리고 더욱 놀라운 일은 며칠 전, 서준이의 엄마가 서준이와 함께 대한이 집에 찾아온 일이었다.

"서준이가 대한이에게 먼저 잘못을 했더군요. 제가 먼저 사과드려요. 죄송합니다."

서준이 엄마가 대한이 엄마의 손을 잡으며 진심을 담아 사과했다.

"아니에요. 아무리 그래도 친구를 때린 건 큰 잘못이지요."

엄마들이 이야기를 나누는 동안 서준이는 무릎을 꿇고 앉아 손가락으로 방바닥만 긁어 댔다. 대한이는 그런 서준이 옆에 나란히 앉아 있었다. 어색한 시간이 흐른 뒤 서준이 엄마와 서준이가 돌아가려고 일어났다.

"너희들 이제 화해해야지."

서준이 엄마가 서준이의 어깨에 손을 얹으며 말했다.

"대한아, 네가 먼저 미안하다고 해라."

대한이 엄마도 대한이 등을 떠밀며 말했다.

"서준아, 네가 먼저 사과해. 대한이 기분 나쁘게 행동한 거랑 피구 게임에서 잘못한 거 모두 다."

대한이는 서준이 엄마의 말을 들으니 마음이 급해졌다. 이런 상황에서는 왠지 먼저 사과를 하는 사람이 이기는 것 같았다.

"서준아, 내가 때린 거 미안해."

"아니야, 내가 먼저 잘못했잖아. 내가 더 미안해."

대한이와 서준이가 어색하게 악수를 하면서 학폭위 사건은 일단락이 지어졌다. 물론 아직은 서면으로 날아올 결과가 남아 있었지만.

다음 날, 수아가 자신이 엄청난 사실을 알고 있다는 듯 대한이에게

의기양양하게 물었다.

"대한아, 너 '아리랑'이랑 '진달래'가 뭔지 알아?"

"내가 모를 것 같니?"

"알아? 뭔데?"

"아리랑? 노래 아니야? 진달래는 꽃 이름이고."

동호가 수아와 대한이 사이로 끼어들며 대신 답했다.

"으이그, 그럴 거면 내가 물어보겠냐?"

"스마트폰 이름이야. 북한에서 개발한 스마트폰이 아리랑이랑 진달래라고."

"애걔? 알고 있었어?"

수아가 김이 샌 표정을 지으며 입을 삐죽 내밀었다.

"대박! 북한에서도 스마트폰을 개발해?"

서준이가 물었다.

"응. 니들 그럼 스마트폰을 북한 말로 뭐라고 하는지 아니?"

"나! 나 지금 이 책 기사에서 봤어."

수아가 들고 있던 책을 흔들어 보였다.

"스마트폰은 북한 말로 '타치 손 전화'라고 해. 그리고 북한에서 개발한 내비게이션도 있는데, 그 프로그램 이름이 웃기더라."

"뭔데?"

이번에는 대한이가 물었다.

"길을 안내해 주는 동무, 줄여서 '길동무'래. 재밌지?"

"우와! 이름 한번 진짜 촌스럽다."

서준이가 자기도 모르게 툭하고 말을 내뱉고는 얼른 대한이 눈치를 보았다.

"아, 아니 내 말은……."

"맞아. 북한식 이름이 좀 유치하지."

대한이가 서준이를 보고 웃으며 말했다.

 딱친구 프로그램

그날 수업이 모두 끝나고 집으로 가려는데 민우가 대한이를 불렀다.

"대한아, 너 나랑 텔레비전 프로그램에 나가지 않을래?"

"뭐라고? 누가 텔레비전에 나간다고?"

뜻밖의 말에 대한이가 깜짝 놀라며 물었다.

북한에서도 스마트폰을 쓴다고?

북한에서도 휴대 전화를 사용하는데, 가입자 수가 점점 증가해 이용 대수가 600만 대 수준에 이른다고 해요. 또 평양과 같은 큰 도시에서는 열 명 중 한두 명 정도는 스마트폰을 쓴다고 하지요. 북한에서 스마트폰은 '타치(터치) 손 전화'라고 부르는데 스마트폰을 이용해 온라인 쇼핑도 할 수 있어요. 물론 북한에서는 광명망이라는 이름의, 북한 사이트에만 접속할 수 있는 북한 내부 인터넷을 사용하고 있어요.

북한 주민들이 손 전화를 많이 사용하면서 스마트폰으로 신문을 읽거나 가족, 친구와 영상 통화를 하는 등 북한 주민의 생활에도 많은 변화가 일어났어요. 평양에서는 손 전화로 물건을 주문, 결제, 배달하는 서비스도 등장했어요. '만물상' 앱으로 쇼핑을 하기도 하고, '옥류' 앱으로 옥류관의 평양냉면을 주문해 먹을 수 있대요. '봄향기' 보정 앱은 화장, 머리 모양 변경, 잡티 제거 등 다양한 얼굴 보정 기능이 있어 젊은 층에 인기가 많다고 해요. 길 안내 앱 '길동무'로 길 경로는 물론 소요 시간까지 알려 준다고 하지요.

"내가 작년부터 어린이 통일 기자단에서 활동하고 있잖아. 거기 선생님한테 우리 반에 북한에서 온 아이가 있다고, 네 이야기를 한 적이 있거든."

대한이는 마음이 복잡해졌다. 누군가 자신에 대해 이야기를 하다니, 혹시나 탈북민들에게 선입견을 가진 사람이면 어쩌나 싶었다.

"그런데?"

"너 텔레비전 방송 프로그램 중에 '딱친구'라는 프로그램, 알아?"

"몰라. 그게 뭐야?"

"북한에서 이탈한 청소년이랑 대한민국 10대 청소년들이 함께 모여서 통일에 대한 이야기를 나누는 프로그램이야."

대한이는 그런 프로그램이 있다는 걸 처음 알았다. 그러고 보니 북에서 온 대한이보다 통일에 대한 관심은 민우가 더 많은 것 같았다.

"거기서 이번에 북한 애니메이션에 대한 주제로 녹화를 하는데, 북한 이탈 청소년이랑 짝을 이뤄서 나와 줄 팀을 찾는 중이래."

"진짜?"

"응. 우리 어린이 통일 기자단 선생님이 너랑 내가 나가면 어떻겠냐고 물어보시더라."

대한이는 말만 들었을 뿐인데 가슴이 콩닥콩닥 뛰기 시작했다.

"음, 나 방송 같은 거 잘 못하는데?"

"야! 방송을 잘하면 연예인이게? 나도 그런 건 처음이야. 우리 같이 나가 보는 거 어때?"

"오늘 집에 가서 엄마에게 여쭤 볼게."

"좋아. 오늘 여쭤 보고 꼭 말해 줘."

대한이는 방금 민우에게 들은 이야기가 꿈인지 현실인지 믿어지지 않을 만큼 좋았다. 집으로 가는 길에 가슴이 계속 부풀어 올라서 몸이 풍선처럼 떠오를 것만 같았다.

집에 도착한 대한이는 하마터면 우편함을 그냥 지나칠 뻔했다.

"어! 왔다."

드디어 학폭위에서 날아온 통보서가 대한이 손에 들어왔다. 대한이는 너무 궁금했지만 엄마가 올 때까지 뜯어보는 걸 참기로 했다.

저녁이 되어 엄마가 들어오기 무섭게 대한이가 엄마 손에 학폭위 조치 결과 통보서를 쥐어 주며 재촉했다.

"빨리, 엄마, 빨리 뜯어봐요."

"후유, 기다려 봐라."

엄마가 한숨을 쉬더니 봉투를 열어 결과가 적힌 종이를 펼쳐 보았다. 엄마가 가슴을 쓸어내리며 한숨을 내쉬었다.

"엄마, 뭐라고 쓰여 있어요?"

"자, 네가 봐라."

엄마가 내민 결과 통보서에서 '학교 폭력 아님'이라는 글이 대한이 눈에 선명하게 들어왔다.

"야호!"

대한이는 통보서를 들고 집 안을 겅중겅중 뛰어다녔다.

"서준이 엄마가 학교랑 전담 경찰관에게 네 잘못만은 아니라고 의견서를 다시 보냈다고 하더라. 어쨌든 고마운 일이지 뭐냐."

"나도 알아요. 서준이가 말해 줬어요. 그래서 저도 요즘 서준이랑 친해졌어요."

"그래, 잘했다."

"참! 엄마, 저 텔레비전에 나가도 돼요?"

"어디? 텔레비전에 어떻게 나가는데?"

대한이는 낮에 민우에게서 들었던 말을 엄마에게 차분히 설명했다.

"그런 일이라면 백 번 천 번 나가도 좋다."

"진짜죠?"

떨어져 지낸 만큼 달라진 북한 말, 대한민국 말

대한이가 알려 주는 **통일 노트**

대한민국 말	북한 말
삼겹살	돼지 세겹살
 도시락	도중식사
 딸기잼	딸기단졸임
 찌개	지지개
토마토케첩	도마도장
 프라이드치킨	닭유찜
 오믈렛	닭알말이
 양배추	가두배추
 양파	둥글파
 브로콜리	푸른꽃가두배추
 튀김	튀기
마요네즈	닭알기름장
 쌀밥	이밥
우유	소젖
설탕	사탕가루
 주스	단물

한자어는 한글 고유어로 대체하고 고유어가 없을 때는 말을 풀어서 쓴다.
해조류 — 바다나물   음정 — 소리사이   치약 — 이닦기약

외래어는 고유어로 대체한다.
에피소드 — 곁얘기   포크레인 — 기계삽   시럽 — 단물약

5장 텔레비전에 나온 이대한

그렇게 이십여 일이 지나고, 드디어 '딱친구' 녹화를 하는 날이 되었다. '딱친구'는 원래 '딱 좋은 친구'의 줄임말이었다. 그리고 북한 말로는 서로 속을 터놓고 지내는 친한 친구라는 뜻이 담겨 있었다.

"네가 송민우 그리고 네가 이대한, 맞지?"

대기실로 들어온 작가 형이 이름표를 달아 주며 물었다.

"30분쯤 후에 녹화가 시작될 거야. 대본은 꼼꼼히 보고 왔니?"

"네. 저는 몽땅 달달 외웠어요."

"하하하, 로봇처럼 술술 외워서 말하는 건 어색해서 좋지 않아. 조금 달라도 되니까 자연스럽게 네 생각을 말하는 게 더 좋아."

작가 형이 친절하게 설명해 주었다.

스튜디오는 대한이랑 민우가 생각한 것보다 훨씬 컸다. 텔레비전에서 본 조명으로 밝혀진 세트는 작은 편이었는데 어둠 속에 가려진 곳, 카메라 감독과 연출진 등 수많은 사람들이 일을 하며 오가는 곳은 크고 넓었다.

"자, 10분만 오디오 좀 다시 점검하고 갈게요."

녹화를 알리는 큐 사인이 금방 떨어질 줄 알았는데, 녹화는 예상 시작 시간을 훌쩍 넘기고도 자꾸 지연이 되었다.

프로그램 하나 녹화하는 데도 여러 문제가 생기는데 그보다 훨씬 큰 남북 통일 과정에는 얼마나 많은 어려움이 있을까 하는 생각이 들었다.

"애들아, 아저씨는 물 좀 마시고 올게. 그동안 너희들끼리 토킹 어바웃을 하고 있어라. 그럼 긴장이 스르륵 풀릴 거야."

진행을 맡은 연예인 아저씨는 유명한 개그맨이었다.

"우리는 인천에서 왔는데, 너희들은 어느 초등학교 다녀?"

옆에 앉은 친구들이 민우와 대한이에게 물었다.

대한이는 이제 새 친구를 사귀는 게 두렵지 않았다. 대한이는 민우를 빼고 스튜디오에 앉은 네 명의 아이들, 특히 북한에서 온 아이들과 금세 친구가 되었다. 과정이 아무리 어렵더라도 하나씩 차근차근 서로를 알아 나간다면 통일도 언젠가는 이루어지지 않을까?

"자, 녹화 시작할게요!"

드디어 스튜디오에 조명이 환하게 밝혀졌다.

프로그램 시작을 알리는 음악이 울려 퍼지면서 녹화가 시작되었다. 환하게 웃는 대한이의 진짜 무대가 드디어 시작된 것이다.

통일된 우리나라는 어떤 모습일까?

인구 증가

자료: 유엔 세계 인구 전망 보고서

통일 후 대한민국 더 많아지고 더 젊어진다!

	통일 전	통일 후
총 인구수	4170만 명	7350만 명
생산 가능 인구	54%	58%
인구 밀도(㎢당)	473명	334명
20세 미만 인구	23%	25%

GDP 상승

자료: 현대 경제 연구원

더 잘사는 우리나라

북한 783달러
남한 2만 3113달러

**통일 한국
8만 6000달러**

국가 신용도 상승

6개 외국계 글로벌 금융회사 전망에 근거
신용 등급은 신용 평가사 Fitch 기준

국가 신용 등급 변화 예상

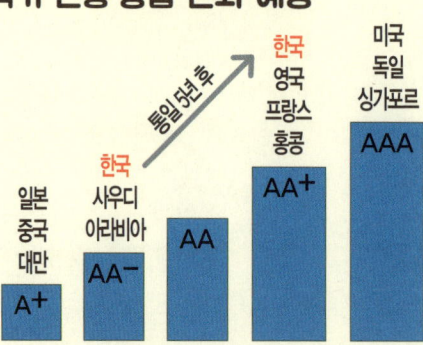

통일 후 국가 신용 등급 2단계 상승
외국인 직접 투자 급증

동북아 관광의 메카

동북아 관광의 메카, 통일 한국

자료: 현대 경제 연구원, 서울대 통일 평화 연구원

관광 수입

약 129억 달러
⬇
약 **418**억 달러

관광객

약 1200만 명
⬇
약 **3600**만 명

북한의 자원 활용

자료: 현대 경제 연구원, 서울대 통일 평화 연구원

철광석 — 50억 t / 213조 5600억
금 — 2000t / 47조 7300억
은 — 5000t / 1조 9124억
구리 — 30만 t / 33조 6330억
무연탄 — 45억 t / 340조 2945억
갈탄 — 160억 t / 2143조 4720억
마그네사이트 — 60억 t / 2679조 7320억
석회석 — 1000억 t / 1092조 3000억

북한의 지하자원

북한 지하자원의 잠재적 가치
약 6000조 원

우리나라 한 해 자원 수입량의
절반만 들여와도
연간 16조 5000억 원 절감!

국방비 절감

자료: 현대 경제 연구원

GDP 대비 국방비 지출

매년 1%씩 감소하여
독일 수준인 1.4%를 유지할 경우
2050년까지
2000조 **8830**억 원 절감 효과

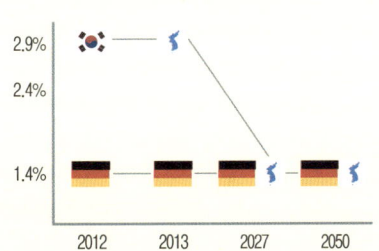

통일, 정말 하는 게 좋을까?

통일이 되면 어떤 좋은 점이 있을까요?

먼저 한반도 전체가 하나의 나라가 되니 지금보다 훨씬 큰 국토를 가지게 되겠지요. 남북한 인구가 더해지면 약 8천만 명으로 통일 한국은 세계 20위 정도의 인구 순위에 오를 거예요. 경제 인구도 늘어나고 북한의 풍부한 광물 자원도 활용하면 우리 기업의 경쟁력도 높아지고 경제적으로 더 잘사는 국가가 될 수 있어요.

지금 사용하고 있는 많은 국방비를 국민들을 위한 복지 예산으로 쓰면 국민들의 삶에 많은 혜택이 돌아가고 국민들이 보다 편안한 삶을 살 수 있겠지요.

분단으로 떨어져 살게 된 이산가족들이 함께 살 수 있고 서울에서 신의주까지 기차를 타고 가서 시베리아 횡단 열차를 통해 유럽까지 갈 수도 있을 거예요.

하지만 통일을 원하지 않는 사람들도 있어요.

한 조사 결과에 의하면 통일을 원하지 않는 가장 큰 이유는 '가난한 나라 북한과 통일이 되면 우리나라가 짊어져야 하는 경제적 부담이 클 것 같아서'로 나왔어요. 또 사회가 불안해지고 정치적 갈등이 심해질 것 같아 통일을 원하지 않는다는 대답이 많았답니다.

게다가 우리나라는 아직 통일을 할 준비가 되지 않았다는 의견도 많았어요. 통일을 이루는 데 앞으로 10~20년의 시간이 필요하다는 의견도 있었고요. 그럼에도 통일을 이루기 위한 재원을 미리 마련해 둠으로써 경제적 타격을 줄이자는 의견도 많았답니다. 다들 통일에 대한 염원은 있지만, 막상 통일이 되었을 때 닥칠 여러 혼란에

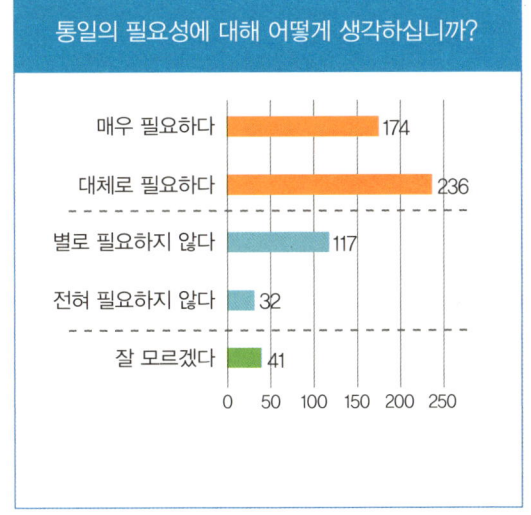
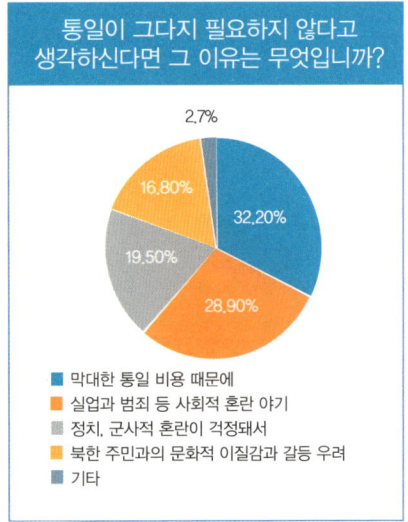

자료: KBS 공영 미디어 연구소

대해서는 불안한 마음이 드는 것도 사실이지요. 독일의 경우 통일에 대한 준비를 했음에도 이후 많은 어려움을 겪었다는 걸 알기에 조심스러운 것이지요.

여러분 생각은 어떤가요?
통일을 해야 한다고 생각하나요? 아니면 통일이 필요 없다고 생각하나요?

맞혀 볼까요?

다음 질문을 읽고 적절한 답을 골라 보세요. 지금까지 책을 잘 읽었다면 쉽게 맞힐 수 있을 거예요.

1 북한 내부에서만 접속이 가능한 인터넷을 부르는 이름은 무엇일까요?

㉠ 바다망 ㉡ 광명망 ㉢ 백두산망 ㉣ 금강산망 ㉤ 평양망

2 우리말에 해당되는 북한 말을 바르게 연결해 보세요.

㉠ 단짝친구   ⓐ 해돌이

㉡ 나이테   ⓑ 나들문

㉢ 출입문   ⓒ 딱친구

3 다음 중 통일의 좋은 점으로 꼽을 수 없는 것은?

㉠ 유럽으로 향하는 육로가 생긴다.
㉡ 북한의 풍부한 광물 자원을 활용할 수 있다.
㉢ 사회 혼란이 사라진다.
㉣ 국토가 넓어진다.
㉤ 국방비를 줄이고 복지 예산으로 쓸 수 있다.

정답: 1. ㉡ 2. ㉠-ⓒ, ㉡-ⓐ, ㉢-ⓑ 3. ㉢

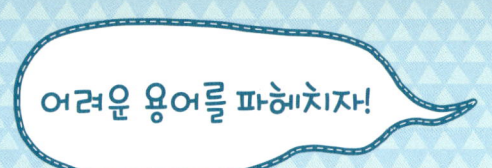

대안 학교 기존의 교육 제도나 학교 운영의 문제점을 보완하기 위해 자율적인 교육 내용과 형식을 갖추어 운영하는 학교예요.

브로커 다른 사람의 의뢰를 받고 상행위를 대리해 주거나 이를 매개하여 수수료를 받는 상인을 말해요.

의장대 국가 경축 행사나 외국 사절에 대한 환영, 환송 따위의 의식을 베풀기 위하여 특별히 조직·훈련된 부대예요.

커밍아웃 원래는 동성애자가 스스로 자신의 성 정체성을 공개적으로 밝히는 일을 말해요. 일상에서는 자신의 비밀을 주변 사람들에게 스스로 밝히는 의미로 쓰이기도 하지요.

판문점 1953년 7월 27일에 휴전 협정이 조인된 곳이며, 북한군의 군사 정전 위원회 회의실, 중립국 감독 위원회 회의실 따위가 있어요. 북쪽에는 판문각과 통일각, 경비병 막사와 초소들, 남쪽에는 평화의 집과 자유의 집, 경비병 막사와 초소 등이 있어요.

햇볕 정책 대한민국과 북한의 교류와 협력을 증진시키고자 추진한 대북 정책이에요. 북한에 대한 압력을 줄이고 지원을 강화함으로써 관계를 개선하고 북한이 개방의 길로 나올 수 있도록 유도하고자 하는 게 목적이었지요.

통일 한국 관련 사이트

남북 하나 재단 www.koreahana.or.kr
북한 이탈 주민 지원 재단인 남북하나재단은 탈북민의 우리 사회 정착을 돕기 위해 '북한 이탈 주민의 보호 및 정착 지원에 관한 법률 제 30조'에 따라 2010년 설립된 통일부 산하 공공 기관이에요.

탈북 청소년 교육 지원 센터 www.hub4u.or.kr
탈북 청소년이 대한민국 사회 및 학교에 순조롭게 적응할 수 있도록 지원하기 위해 제반 사업과 연구를 진행하는 곳이에요.

무지개 청소년 센터 www.rainbowyouth.or.kr
탈북 청소년, 다문화 청소년을 지원하고 더불어 살아가는 다문화 사회를 만들어 가는 비영리 재단 법인이에요.

통일부 통일 교육원 www.uniedu.go.kr
통일에 관한 교육을 실시하고 학교·사회 교육 기관의 통일 교육을 지원하는 통일부 소속의 교육 기관이에요.

통일부 남북 통합 문화 센터 uniculture.unikorea.go.kr
남북 통일을 앞당기기 위해 탈북민과 일반 주민이 상호 소통하고 화합하기 위해 세워진 문화 센터예요.

신나는 토론을 위한 맞춤 가이드

대한이와 함께한 통일 이야기를 재미있게 읽었나요? 이제 우리 주변국의 상황과 통일 문제를 함께 고민하며 토론할 시간이에요. 토론을 잘하려면 올바른 지식과 다양한 정보가 바탕이 되어야 해요. 책을 다 읽고 친구 또는 부모님과 함께 신나게 토론해 봐요!

잠깐! 토론과 토의는 뭐가 다르지?

토론과 토의는 모두 어떤 문제를 해결하기 위해 의견을 나누는 일입니다. 하지만 주제와 형식이 조금씩 달라요. 토의는 여러 사람의 다양한 의견을 한데 모아 협동하는 일이, 토론은 논리적인 근거로 상대방을 설득하는 일이 중요합니다. 토의는 누군가를 설득하거나 이겨야 하는 것이 아니기 때문에 서로 협력해서 생각의 폭을 넓히고 좋은 결정을 내릴 때 필요해요. 반면 토론은 한 문제를 놓고 찬성과 반대로 나뉘어 서로 대립하는 과정을 거치지요. 넓은 의미에서 토론은 토의까지 포함하는 경우가 많습니다. 토론과 토의 모두 논리적으로 생각 체계를 세우고, 사고력과 창의성을 높이는 데 도움을 준답니다.

토론의 올바른 자세

말하는 사람
1. 자신의 말이 잘 전달되도록 또박또박 말해요.
2. 바닥이나 책상을 보지 말고 앞을 보고 말해요.
3. 상대방이 자신의 주장과 달라도 존중해 주어요.
4. 주어진 시간에만 말을 해요.
5. 할 말을 미리 간단히 적어 두면 좋아요.

듣는 사람
1. 상대방에게 집중하면서 어떤 말을 하는지 열심히 들어요.
2. 비스듬히 앉지 말고 단정한 자세를 해요.
3. 상대방이 말하는 중간에 끼어들지 않아요.
4. 다른 사람과 떠들거나 딴짓을 하지 않아요.
5. 상대방의 말을 적으며 자기 생각과 비교해 봐요.

체계적으로 생각하기

통일을 위해 우리는 무엇을 할 수 있을까요?

비록 휴전선에 가로막혀 있지만, 남과 북이 서로 만나서 소통하는 것은 의지만 있다면 불가능한 일만은 아니에요. 다음 글을 읽고, 평화와 통일에 대한 여러분의 생각을 정리해 보세요.

'이산가족 3세대'인 장여구 교수에게 이산가족 상봉은 이루지 못한 꿈이다.

장 교수의 할아버지는 '한국의 슈바이처'로 불린 고 장기려 박사(1911~1995)다. 평양 김일성대 의대 교수였던 장 박사는 6·25 전쟁 도중 아내, 5남매와 생이별한 채 둘째 아들만 데리고 월남했다. 장 박사는 아내와 자녀들을 잊지 못했지만 1985년 정부의 이산가족 상봉 제안에 "혼자 특혜를 누릴 수 없다."며 마다했다. 1991년 미국의 친지를 통해 가족이 북한에 살아 있다는 소식과 함께 부인의 사진, 편지를 받고 재회를 꿈꿨지만 지병으로 세상을 떠났다.

장 박사가 못 이룬 꿈은 아들인 고 장가용 박사(1935~2008)를 통해 이뤄졌다. 장 박사가 2000년 8월 평양에서 열린 1차 이산가족 상봉에 의료 지원 단장으로 동행하면서 북한에 남은 90세 노모, 형제들과 3시간 남짓한 만남이 성사된 것.

이후 할아버지와 아버지는 세상을 떠났지만 그들의 봉사 정신과 북한에 남겨둔 가족에 대한 그리움은 손자인 장 교수가 고스란히 이어받았다. 장 교수는 할아버지의 봉사 정신을 계승해 만든 블루 크로스(청십자) 의료 봉사단을 이끌고 있다. 장 교수는 "북한에 있는 할아버지의 손자 17명 중 11명이 의사라고 들었다."며 "북의 사촌들과 의료 봉사를 함께하며 남북 교류의 밑거름이 되고 싶다."고 밝혔다.

이산가족 상봉은 2018년 8월 21차 상봉을 끝으로 2년 넘게 중단된 상태다. 코로나19로 화상 상봉이 대안으로 거론되지만 북한은 응답하지 않고 있다. 통일부 장관은 "(북한이) 마음만 먹으면 전국 13곳에서 하루 40가족씩 화상 상봉이 가능하다."고 아쉬워했다.

1. 남북한이 평화 통일로 나아가기 위해 내가 할 수 있는 일에는 어떤 것들이 있을지 생각해서 적어 보세요.

2. 만약 평화 통일이 이루어진다면 내가 누리고 싶은 신나는 일에는 어떤 것이 있을지 상상해서 적어 보세요.

논리적으로 말하기 1

우리 통일은 어떤 모습일까요?

2020년은 동독과 서독으로 나뉘었던 독일이 통일된 지 30주년을 맞는 해였어요. 독일의 통일 과정을 살펴보고 우리의 미래 통일을 상상해 보아요.

"독일 통일 30주년 서독과 동독, 하나의 나라가 되다."

1981.11.9. 베를린 장벽이 붕괴되다.
민주주의로 체제 개혁을 원했던 동독 국민들의 개혁을 향한 목소리는 점점 커졌고, 결국 독일을 둘로 나눴던 베를린 장벽은 무너졌어요.

1990.10.3. 독일 통일
이듬해 3월, 동독은 자유 총선거를 실시했고, 서독과 통일 협상을 전개했어요. 그 결과 동서독은 공시적인 통일을 이루게 되었어요.

독일 통일은 동서독 간의 평화적인 교류와 협력으로 이루어졌어요. 하지만 통일 이후, 서로 다른 가치와 생활 양식으로 동서독 주민들 간 혼란이 생겼고, 동독 경제 재건을 위해 큰 통일 비용이 들어가기도 했어요. 그럼에도 독일은 통일로 국방비 절감은 물론 탄탄한 내수 시장을 갖게 되었고, 경제 발전을 이루며 유럽의 중심 국가가 되었지요.

통일부 2020/09/24

1. 독일 통일에 비추어 우리는 어떤 교훈을 얻을 수 있을까요?

2. 동독과 서독 간의 장벽은 어떻게 무너지게 되었는지, 인터넷 검색 등을 통해서 정리한 뒤 말해 보세요.

논리적으로 말하기 2
탈북민에 대한 우리 인식은 어떨까요?

다음 글을 읽고 탈북민과 탈북 청소년에 대해 우리가 어떤 관심을 갖고 도움을 줄 수 있는지 말해 보세요.

서울시 중구에는 북한 이탈 청소년들을 위한 대안 학교인 '여명학교'가 있어요. 2004년 관악구에서 개교한 뒤 2008년 중구로 이전해서 지금까지 운영되고 있지요.

현재 여명학교가 있는 곳은 카페와 유명 돈가스집 등 관광객이 많이 찾는 곳이에요. 건물주 입장에서는 세를 올려 받을 수 있는 지역이기에 무작정 학교를 위해 배려를 할 수 없는 상황이지요. 계약 기간이 2020년 말을 기준으로 만료된 상황이라, 여명학교는 새로운 위치를 찾아야 했어요. 그런데 어느 지역도 여명학교를 환영하지 않는 분위기예요.

2019년 계약 만료 전에 서울시와 시교육청의 도움을 받아 은평구의 유휴지에 자리를 잡으려고 했는데, 주민들의 반대가 거셌어요. 탈북민에 대한 거부감은 물론이고 그들을 잠재적 범죄자로 여기는 주민들의 시선이 강했던 것이지요. 다행히 건물주와 이야기가 잘되어 2023년 2월까지 지금의 공간을 계속 쓸 수 있도록 계약은 연장되었지만, 근본적인 해결책은 마련하지 못한 상황이에요.

일반 학교에서의 편견이 두려워 찾게 된 여명학교에서 또다시 주변 사람들의 차별 어린 시선을 신경 써야 하는 아이들. 우리는 이 문제를 어떻게 바라보아야 할까요?

1. 사람들이 탈북 청소년 학교 부지에 대해 반대하는 이유는 무엇인지 정리해서 말해 보세요.

2. 우리가 탈북민에 대한 인식을 바꾸고 도와줘야 할 이유는 무엇인지 정리해서 말해 보세요.

창의력 키우기

주변국의 눈치를 보지 않고 통일을 할 수 있을까요?

한반도 통일을 이루어 내기 위해서 미국과 한반도 주변 국가들을 어떻게 설득하면 좋을까요? 여러분의 생각을 적어 보세요.

1. 미국을 이렇게 설득해 봐요.

2. 중국을 이렇게 설득해 봐요.

3. 일본을 이렇게 설득해 봐요.

예시 답안

통일을 위해 우리는 무엇을 할 수 있을까요?

1. 먼저 통일에 대해 관심을 갖는 게 좋겠다. 우리가 하나의 민족이었는데, 어떠한 이유로 분단이 되어 지금껏 두 나라로 살아가고 있는지 역사 공부를 통해 정확히 알아본다. 그러고 나면 통일의 필요성도 알게 되고 관심도 저절로 갖게 될 것이다.
2. 시베리아 횡단 열차가 개통되는 날, 열차를 타고 시베리아 벌판을 달려 유럽으로 여행을 가 보고 싶다. 통일이 되면 비행기와 배를 이용하지 않아도 육로로 유라시아 대륙 어디든 갈 수 있다는 게 상상만 해도 신난다.

우리 통일은 어떤 모습일까요?

1. 독일 통일은 동서독 간의 평화적인 교류와 협력으로 이루어졌다. 우리도 지속적인 교류를 통해 대화의 창을 넓혀 가야 할 것이다. 물론 여러 가지 시행착오가 예상되고 어려운 점도 많을 것이다. 하지만 우리 겨레가 더 큰 미래를 향해 나아가려면 하나가 되어 더 크고 단단한 국가를 만들어 나가야 한다고 생각한다.
2. 원래 독일은 분단 상황에서도 통일을 준비하고 있었고, 국민들의 경우에는 그 열망이 더욱 컸다. 그러다 동독에서 외국 여행 규제 완화 정책을 발표했는데 시기를 묻는 기자의 질문에 "지금 당장 시행한다."고 담당자가 잘못 답한 것이 전 세계 국민들에게 알려지면서 독일 국민 스스로 국경이 개방되었다 생각하고 장벽을 무너뜨린 것이다. 국민들 스스로 통일을 이루었다는 점에서 세계적으로 더 큰 의미가 있다.

탈북민에 대한 우리의 인식은 어떨까요?

1. 탈북 청소년을 잠재적 범죄자라고 생각하며, 혹시라도 문제를 일으켜서 동네에 위험한 일이 생길 것을 우려하는 시선이 있다. 우리와 문화가 다른 곳에서 살던 청소년들과 갈등이 생길 것을 걱정하는 것이다.
2. 탈북민들은 북한의 체제를 견디지 못하고 죽음을 각오하며 대한민국으로 넘어왔다. 비록 생각과 문화의 차이로 갈등을 겪을 수는 있겠지만, 우리나라 국민이 된 만큼 잘 적응할 수 있도록 도와주어야 한다고 생각한다. 그들을 계속 이방인으로 취급하고 배척한다면, 우리 역시 다른 나라에서 차별 받는 것이 당연한 일일 테니까 말이다.

경기도 사서협의회 추천도서　　한국교육문화원 추천도서　　아침독서 추천도서

★★★ **100만 부 판매 돌파!** ★★★

수학이 쉬워지고, 명작보다 재미있는
뭉치수학왕

정부 기관 선정 우수 도서상을 많이 수상한 믿을 수 있는 시리즈

뭉치 수학왕 시리즈는 미래의 인재로 키워 줘

+

"인공지능(AI) 시대의 힘은 수학에서 나온다!"

개념 수학

<수와 연산>
1 양치기 소년은 연산을 못한대
2 견우와 직녀가 분수 때문에 싸웠대
3 가우스, 동화 나라의 사라진 0을 찾아라
4 가우스는 소수 대결로 마녀들을 물리쳤어
5 앨런, 분수와 소수로 악당 히들러를 쫓아내라
6 약수와 배수로 유령 선장을 이긴 15소년

<도형>
7 헨젤과 그레텔은 도형이 너무 어려워
8 오일러와 피노키오는 도형 춤 대회 1등을 했어
9 오일러, 오즈의 입체도형 마법사를 찾아라
10 유클리드, 플라톤의 진리를 찾아 도형 왕국을 구하라
11 입체도형으로 수학왕이 된 앨리스

<측정>
12 쉿! 신데렐라는 시계를 못 본대

13 알쏭달쏭 알라딘은 단위가 헷갈려
14 아르키는 어림하기로 걸리버 아저씨를 구했어
15 원주율로 떠나는 오디세우스의 수학 모험

<규칙성>
16 떡장수 할머니와 호랑이는 구구단을 몰라
17 페르마, 수리수리 규칙을 찾아라
18 피보나치, 수를 배열해 비밀의 방을 탈출하라
19 비례배분으로 보물섬을 발견한 해적 실버

<자료와 가능성>
20 아기 염소는 경우의 수로 늑대를 이겼어
21 파스칼은 통계 정리로 나쁜 왕을 혼내 줬어
22 로미오와 줄리엣이 첫눈에 반할 확률은?

<문장제>
23 개념 수학-백점 맞는 수학 문장제①
24 개념 수학-백점 맞는 수학 문장제②
25 개념 수학-백점 맞는 수학 문장제③

융합 수학
26 쌍둥이 건물 속 대칭축을 찾아라(건축)
27 열차와 배에서 배수와 약수를 찾아라(교통)
28 스포츠 속 황금 각도를 찾아라(스포츠)
29 옷과 음식에도 단위의 비밀이 있다고?(음식과 패션)
30 꽃잎의 개수에 담긴 수열의 비밀(자연)

창의 사고 수학
31 퍼즐탐정 썰렁홈즈①-외계인 스콜피오스의 음모
32 퍼즐탐정 썰렁홈즈②-315일간의 우주여행
33 퍼즐탐정 썰렁홈즈③-뒤죽박죽 백설 공주 구출 작전
34 퍼즐탐정 썰렁홈즈④-'지지리 마란드러' 방학 숙제 대작전
35 퍼즐탐정 썰렁홈즈⑤-수학자 '더하길 모테'와 한판 승부

36 퍼즐탐정 썰렁홈즈⑥-설국언자 기관사 '어러도 달리능기라'
37 퍼즐탐정 썰렁홈즈⑦-해설 및 정답

수학 개념 사전
38 수학 개념 사전①-수와 연산
39 수학 개념 사전②-도형
40 수학 개념 사전③-측정·규칙성·자료와 가능성

독후 활동지

본책 40권 + 독후 활동지 7권
정가 580,000원